THE HANDBOOK OF FINANCE

WASEDA BUSINESS SCHOOL
Graduate School of Business and Finance,
Waseda University

MBA・金融プロフェッショナルのための

ファイナンスハンドブック

早稲田大学大学院ファイナンス研究科
早稲田大学ビジネススクール〔編〕

中央経済社

はしがき

　本ハンドブックは，ファイナンス（Finance）を学ぶ学生，実務家，研究者のために編まれた解説書です。本書の各章は教科書的あるいはサーベイ的なものであり，それぞれの理論や原則の説明あるいは重要な研究の結果を要約したものです。

本書のねらい

　アメリカのビジネススクール（MBA）は，ファイナンスを投資（Investment）と企業財務（Corporate Finance）の2つに分けて，これらの基礎を教えます。そこでは，ファイナンスは経営者（General Manager）にとって不可欠な知識であると教えられます。しかしというかそれゆえにというか，MBAで学ぶファイナンスはインベストメントとコーポレートファイナンスの初歩的な内容にとどまるというのが実態です。MBAでは，マネジメント，ビジネスモデル，およびリーダーシップといったゼネラル・マネージャーに直結した知識の習得やケーススタディを用いた議論に膨大な時間を割かれるからです。

　一方，アメリカのファイナンス修士（MSc in Finance，以下「MSF」と略す）の学生は，ファイナンスあるいはその関連分野に特化した教育を受けます。MSFプログラムでは，ファイナンス理論，数学，計量ファイナンス，資本市場，投資，コーポレートファイナンス，分析とバリュエーションおよびファイナンシャル・レポーティングなどの専門科目を総合的に学びます。MSFの学生は入学に際して，MBAのように実務経験を求められることはありません（MSF学生はMBA学生よりも若いのが一般です）。

　私たちの大学院ファイナンス研究科は，アメリカのMBAとMSFを組み合わせたビジネススクールづくりを標榜してきました。これまで11年間に1,400名余りの修了生を輩出しました。修了生の多くは，10年程度の実務経験を有する社会人学生として入学してきた人々です。このスクールでは，MSFプログラムで提供される上記のファイナンス専門科目に加えて，保険とリスク管理，不動産ファイナンス，ファイナンスと税，ファイナンスと法，ファイナンスと会計，および金融機関のマネジメントといった学際的な研究領域もカリキュラム

に取り入れています。そこでは，ファイナンスの一般的な原則を学んだうえで，ファイナンス全体の幅広さを教え，各自の個別の専門領域・応用領域に入っていくように構成されています。

本書も，同様のアプローチを採り，ファイナンスにおけるすべての分野—ファイナンスの基礎，その重要な問題への応用，およびその関連分野—を共通の概念的枠組みを通じて学べるようになっています。

本書の構成

ファイナンスには，機能的な側面と制度的な側面があります。

ファイナンスの機能的な側面を担うものが金融経済学（Financial Economics）です。金融経済学の問題から不確実性（uncertainty）を取り除くとミクロ経済学の問題に帰着します。機能的ファイナンスの理論と実証の両面で中心的な役割を担うのは不確実性です。自然科学であれば不確実性の問題は実験を行うことで解くことができますが，ファイナンスは社会科学に類するので実験を行うことは不可能という特徴をもっています。幸い，ファイナンス分野では十分なデータを利用する環境が整っているので，実験に代えて統計モデルを用いて—計量ファイナンスにより—推論することができます（Campbell et al. [1997]）。このように，金融経済学と計量ファイナンスは機能的なファイナンスの中心に位置づけられます。

一方，法学，会計学，課税論，および金融システム論がファイナンスの制度的な側面を担います。日本でファイナンスという専門分野が進展してきたのは，比較的最近のことです。戦後，長きにわたって金融のあらゆる側面は，政府の管理・統制のもとにおかれてきたので，制度が日本の金融の中心をなしてきました。そこでは，市場の効率性は制度によって歪められ，日本の金融の機能的側面は未発達に取り残されていました。しかし，金融の自由化や国際化は，資本が我が国の金融に対して効率的機能性を求めるようになりました。その結果，いまだ不十分とはいえ，日本の金融システムも制度と機能が相互に補完しあう関係へと変わりつつあります。

本書は，2つの部に分かれ，さらにそれぞれが7と8の章に分かれています。第Ⅰ部（基礎編）では，ファイナンスの機能的側面に焦点を当て，資本市場とその機能について学び，金融市場を概観し，コーポレートファイナンスの構造を学びます。第Ⅱ部（応用編）は，さらに2つのグループに分かれます。

1つは，機能的なアプローチの応用として，保険とリスク管理，不動産ファ

イナンス，および計量ファイナンスについて学びます。もう1つのグループは，ファイナンスの制度的な側面を扱ったものです。ファイナンス課税，ファイナンスと法，およびファイナンスと会計について学びます。そして，最後の章（第II部第15章）において，金融機関の経営課題を整理することを通じて，日本における金融の制度と機能の補完関係について改善すべき点を学びます。日本のファイナンスの機能的な側面と制度的な側面を共通の概念的枠組みを通じて学べるように構成された類書は筆者が知る限りいまだないようです。

　本書は，ハンドブックというタイトルを冠していますが，第I部の第3章，第4章，第7章，および第8章がMBAファイナンスの内容をカバーしていますので，そのテキストとしても利用できます。また，本書を通じて，ファイナンスにおけるすべての分野を概観することができるので，ファイナンスの専門家を目指す学生にとっては，入学前および卒業後のファイナンス便覧として活用できます。

　最後に，出版にあたっては，中央経済社の納見伸之氏ならびに浜田　匡氏に企画段階から刊行まで大変お世話になりました。ここに改めて，深甚なる謝意を表します。

2016年3月

　　　　　　　　　　　　　　　　　　　　早稲田大学大学院ファイナンス研究科長
　　　　　　　　　　　　　　　　　　　　　　　　　　　　　川口有一郎

目　次

第 I 部　基礎編

第1章　資本市場とその機能 —— 2

1. 家計の消費および貯蓄の決定／2
2. 企業の投資決定／4
3. 資本市場の均衡／6
4. 金利の決まり方／8
5. 資金調達の方法／10

第2章　市場構造と価格形成 —— 12

1. 情報と資産価格／12
2. 流動性／14
3. マーケット・マイクロストラクチャー／16

第3章　株　式 —— 18

1. 収益率（リターン）とそのリスク／18
2. リスク選好／20
3. 投資機会／22
4. 最適ポートフォリオ選択1——リスク資産のみの場合／24
5. 最適ポートフォリオ選択2——無リスク資産がある場合／26
6. 効率的市場仮説／28
7. Capital Asset Pricing Model／30

⑧ アノモリーと株式アクティブ運用／32
　　　⑨ Fama-French 3 ファクターモデル／34

第4章　債　券 ─────────────── 36

　　　① 債券価格と利回り／36
　　　② スポット・レートとフォワード・レート／38
　　　③ イールドカーブ変動の性質／40
　　　④ 債券の金利リスク／42
　　　⑤ 金利期間構造モデル／44
　　　⑥ 信用リスクと社債スプレッド／46
　　　⑦ 信用リスクの構造モデル／48

第5章　アセットプライシング ─────────── 50

　　　① 完備市場と不完備市場／50
　　　② リスク中立確率／52
　　　③ 代表的経済主体とプライシング・カーネル／54
　　　④ プライシング・カーネルとCAPM／56
　　　⑤ ファクター・モデルと裁定価格理論／58
　　　⑥ 株式プレミアム・パズル／60

第6章　デリバティブ（先物，オプション）─────── 62

　　　① 先物・先渡し市場／62
　　　② 裁定取引と先物価格／64
　　　③ オプション市場／66
　　　④ 二項価格モデルによるオプション・プライシング／68
　　　⑤ ブラック＝ショールズ・モデル／70
　　　⑥ オプションのリスク管理／72
　　　⑦ 金利デリバティブ1─金利スワップ／74
　　　⑧ 金利デリバティブ2─オプション／76

- 9 企業のオプション債務―ワラント債，転換社債等／78
- 10 クレジット・デリバティブ／80

第7章 行動ファイナンス ― 82

- 1 アノマリー／82
- 2 裁定の限界／84
- 3 意思決定上の歪みの源泉／86
- 4 ヒューリスティクス（簡便的意思決定法）／88
- 5 プロスペクト理論／90
- 6 心理的勘定の設定／92

第8章 コーポレートファイナンス ― 94

- 1 投資の意思決定／94
- 2 資本（負債）政策／96
- 3 株主還元（配当）政策／98
- 4 資本コストと企業価値評価／100
- 5 企業財務とエージェンシー問題／102
- 6 内部資本市場／104
- 7 企業支配権市場／106
- 8 コーポレート・ガバナンスを巡る理論／108
- 9 非財務情報・CSRと企業価値／110

第Ⅰ部基礎編の参考文献　112

第Ⅱ部　応用編

第9章　保険およびデリバティブによるリスク管理 ——118

1. 信用リスクの測定と管理／118
2. 市場リスクの測定と管理／120
3. 保険とファイナンスの融合／122
4. デリバティブによるリスク管理／124

第10章　不動産ファイナンス ——126

1. 不動産価格と株価の予測可能性／126
2. 不動産価格のサイクルとバブル／128
3. 不動産資本市場／130
4. 不動産市場の価格発見／132
5. 不動産価格指数／134
6. 不動産デリバティブとリバースモゲージ／136

第11章　計量ファイナンス ——138

1. 回帰モデルの定式化―因果性と符号条件／138
2. 仮説検定による説明変数の選択／140
3. 適合度とモデル選択基準／142
4. 横断面データ回帰係数のHCSE／144
5. 時系列データ回帰係数のHAC／146

第12章　ファイナンスと税 ——148

1. 金融所得課税の一元化／148
2. 租税裁定／150

- ③ 損益通算とリスク／152
- ④ 金融機関の付加価値税／154
- ⑤ デットとエクイティの区分の相対化／156
- ⑥ ケアリー・ブラウンの定理／158

第13章 ファイナンスと法 ──160

- ① ファイナンスと「法と経済学」／160
- ② ファイナンスと「法と会計学」／162
- ③ 会社法と「法と経済学」／164
- ④ 金商法とファイナンス／166
- ⑤ 預金契約の法規整／168
- ⑥ 融資契約の法規整／170
- ⑦ デリバティブの法規整／172

第14章 ファイナンスと会計（管理会計） ──174

- ① 利益計画（損益分岐点分析）／174
- ② 業績評価指標／176
- ③ 原価管理／178

第15章 日本の金融機関の課題 ──180

- ① 金融機関の収益性／180
- ② 金融機関のイノベーション／182
- ③ 組織のガバナンスと人事／184
- ④ 金融規制と銀行マネジメント／186
- ⑤ 金融機関の関連ビジネス／188

第Ⅱ部応用編の参考文献　190

事項索引　193

人名索引　199

第 I 部

基礎編

第1章　資本市場とその機能
第2章　市場構造と価格形成
第3章　株式
第4章　債券
第5章　アセットプライシング
第6章　デリバティブ（先物，オプション）
第7章　行動ファイナンス
第8章　コーポレートファイナンス

第1章 資本市場とその機能

1 家計の消費および貯蓄の決定

> ファイナンス論が想定する金融資本市場に登場する主体は家計,企業,金融機関等である。家計は企業,あるいは金融機関に対して貯蓄という形態で資金を供給する主体である。家計は現在および将来の所得を予想しながら,また金利を見据えながら最適な消費計画が実現できるように貯蓄を行うことになる。

市場で取引する人々は数多くいるが,それらを一般に経済主体と呼ぶ。経済学やファイナンス論では経済主体を大きく家計,企業,金融機関等に分類する。家計は働いて所得を得,それをもとに消費をする主体である。所得と消費の時期が異なれば当然貯蓄をしなくてはならず,貯蓄をすればその運用方法も考えなくてはならない。まず,家計の消費,貯蓄の決定から説明する。

■効用関数

家計の満足度はもっぱら消費から得られると考え,その満足度を**効用**で評価する。2期間生存する家計を考え,1期目の消費量をC_1,2期目の消費量をC_2とすると効用は$U(C_1, C_2)$と表すのが一般的であり,これを**効用関数**と呼ぶ。それぞれの消費の限界効用は逓減する(それぞれの消費が増えれば効用は高まるが高まり方は低下していく)ことを仮定する。

■予算制約

第1期の始めに所得Wを得,2期目には引退し,所得はないと仮定する。1期目は所得から支出すればよいが2期目は所得がないので工夫する必要がある。その工夫が貯蓄である。1期目に行う貯蓄額をSとし,物価を1とすると両消費は以下のように規定される。

$$C_1 = W - S$$
$$C_2 = (1+r)S \qquad \cdots(1)$$

ここでrは貯蓄からの1期間の金利である。ファイナンスでは貯蓄をどのように運用したらよいかが重要な問題となるが,ここでは預金等の安全資産で運用すると仮定して金利に関してリスクはないとする。この両式が消費の可能性を縛る予算制約となり**予算制約式**と呼ばれる。

図1-1　無差別曲線と貯蓄，消費決定

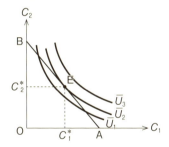

■貯蓄および消費の決定

貯蓄と消費を決めるには予算制約の下で効用を最大にするように C_1 を決める必要がある。数学的には

$$\max U(C_1, C_2)$$
$$s.t.\ C_1 + \frac{C_2}{1+r} = W \qquad \cdots(2)$$

となる（s.t.とは制約条件という意味の記号であり，(1)式からSを消去した予算制約式が制約条件となる）。

この問題を解くことによって最適な消費，それを実現するための貯蓄が決まる。効用関数が特定化されれば解を明示的に解くことができるが以下では図によって示す。図1-1は横軸に1期目の消費，縦軸に2期目の消費からなる平面図であり，そこでは効用関数は図中の無差別曲線群によって示される。**無差別曲線**とは一定の効用$\bar{U}$を得るためにはどのような消費の組み合わせが必要かを示す等高線である。図には$\bar{U}_1$, $\bar{U}_2$, $\bar{U}_3$の各水準に対応する3つの無差別曲線が示されている（$\bar{U}_1<\bar{U}_2<\bar{U}_3$）。限界効用が逓減するので家計は平準化された2期間消費を好み，その結果，図のような形状となる。他方，予算制約は金利が与えられれば図のABのように直線として表される。OAはWとなり，OBは$(1+r)W$となる。この場合，最適な選択とは図のE点で示される消費量である。予算制約の下で最も高い効用に対応する無差別曲線に到達しているからである。この場合，貯蓄SはC_1^*Aで表される。

第1章 資本市場とその機能

2 企業の投資決定

> 企業は設備投資を行って金利以上のリターンを株主である家計にもたらすことを主要な機能とする。この機能を発揮するには企業は株価最大化されるように設備投資を決める必要がある。それはリスクのない経済では一般の正味現在価値（NPV）最大化基準と一致する投資決定基準である。

　経済主体としての企業は経営者の意思決定の下，設備を設定して従業員を雇用して利潤を得ることを目的とする。設備を設定するには資金を必要とするがその主要部分は株主から資本（出資）として集める株式会社が中心となる。

■企業の目的
　株式会社である企業はその本源的な所有者は企業に出資している株主である。経営者は単に株主から経営を委ねられている専門家主体にすぎない。したがって経営者が行うべきは，主体である株主の目的をより良く実現する代理人としての機能である。株主が欲する目的としては保有株式の株価の上昇が普遍的であると考えられ，ここから企業の目的としての**株価最大化**が導かれる。

■技術制約としての生産関数
　企業を生産要素である設備と従業員とによってある財を生産する技術的な関係ととらえる。設備を「資本」と，従業員を「労働」と呼ぶことが一般的である。財の売上が総収入である。そこから労働費用，減価償却費等を控除したものが利潤である。具体的には営業利益である。ここで生産される財の量とそれに必要な資本，労働との技術的な関係を数学的に表したのが**生産関数**である。具体的には，

　　生産量 = F(資本，投入労働量)

と表され，これが技術的な制約となる。

■投資決定
　企業は生産関数（生産技術）を所与として株価が最大になるように設備を決定しなければならない。これを簡単な2期間のモデルで説明しよう。1期目に企業は資本Kを決定し，株主である家計はそれを増資に応じることによって払

図1−2　企業の投資決定

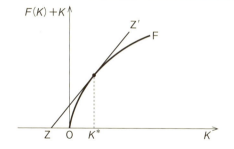

い込む。そこから2期目に利益が生じるとする。利益は生産関数から導かれるが、簡単化の下では資本のみによって決まる利益関数$F(K)$とする。利益は資本が増加すれば増えるがその増え方は逓減すると仮定する。同時に設備Kも回収でき、総額が家計に配当されるとする。1期間の金利をrとすると増資払込前の株式時価総額（株価×株数）Sは以下のように決まる。

$$S = -K + \frac{F(K)+K}{1+r}$$

配当は1期後であるので1期間の金利で割り引いている（右辺第2項）。これは株主である家計が1期間のリターンとして金利相当を要求しているからである。そこから増資費用を控除した**正味現在価値**（Net Present Value：NPV）として株式時価総額が決まり、家計の得となる。この考え方は利益が多期間にわたって生じる一般的な場合に用いられるNPV基準の考え方と同じである。この基準でSが最大になるようにKを決定することが投資決定である。

最適な設備投資を図1−2で確認しよう。横軸に1期の資本投入量K、縦軸に2期の$F(K)+K$を表す。その関係が曲線OFで表されている。ZZ′直線は傾きが$1+r$の直線であり、OFの傾きがその直線と一致する点が最適となる、すなわちOK*が最適な設備Kとなる。この下での最大化されたSはOZで示される。

第1章 資本市場とその機能

3 資本市場の均衡

> ファイナンス論では金融市場，資本市場が議論の中心となる。明確な定義があるわけではないが，前者は金融仲介機関がかかわる市場，すなわち預金市場，貸出市場を指し，後者は株式市場，債券市場等を指すことが多い。これら市場が均衡するように金利，あるいは株式投資収益率が決まるがそのためには市場を整備する必要もある。

資金の供給主体としての家計，需要主体としての企業の説明をした（本章1・2）。前者は黒字主体，後者は赤字主体とも呼ばれている。このために資金が市場を通じて黒字主体から赤字主体に流れる必要がある。その資金をつなぐ市場が資本市場，あるいは金融市場と呼ばれる市場である。具体的には株式市場，社債市場，銀行の預金・貸出市場等である。

■需給均衡

経済学，あるいはファイナンス論で均衡という概念は極めて重要である。均衡とは需要と供給とが一致する状態と定義し，価格メカニズムによって均衡が成立することが市場経済での最大の特徴でありメリットである。そこでは貸出市場のように一定期間における資金供給が当期間内の資金需要と一致することを想定する**フローの均衡**と，株式市場のように発行済みの株数が供給となり，それが過不足なく瞬時に需要されるような**ストックの均衡**との両概念がある。流通市場と呼ばれる市場での均衡は後者のストック均衡である。

しかし資本市場の均衡は容易ではない。通常の財と異なって金融資産は購入する段階でその収益が確定せずに不確実のケースが多いからである。そもそも株式市場においてはその収益は極めて不確実であり，社債においてもその不確実性は低まるものの，企業が債務不履行になる可能性がある。要するに収益にリスクがある。さらに企業業績に関して十分な情報が市場に開示されているか否かの問題もある。投資家にとって都合の悪い情報が開示されていない可能性もある。これら問題点を借り手と貸し手との間に**情報の非対称性**があると言い，これらの要因によって市場がうまく機能しない，あるいは成立しない可能性が多い。そこで以下に説明するような何らかの制度的な工夫が必要となる。

図1−3　直接金融と間接金融

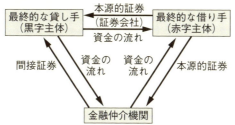

出所：酒井良清・前多康男［2004］『金融システムの経済学』

■**直接金融，間接金融**

　金融資本市場ではオープンな市場での取引システムと，間に金融仲介機関が介在して資産を変換させて取引を成立させる取引システムとが並存しているのが一般である。前者を**直接金融システム**と呼び，後者を**間接金融システム**と呼ぶ。直接金融システムは株式市場，社債市場のように企業が発行する本源的な証券である株式や，社債を家計が直接，保有する金融システムである。他方，その間に金融仲介機関，例えば銀行が介在して企業が発行する本源的証券を金融仲介機関が貸出として保有し，その資金源を家計に対して間接証券（預金）を発行して調達する間接的な保有形態が間接金融システムである。間接金融システムでは金融仲介機関が貸出先企業の業績を審査し，さらにリスクを負担することによって貸出をリスクのない預金に変換していると解釈できる。直接金融システムにおいても社債の格付けや，上場企業のディスクロージャー制度等によって情報の生産は行われている。両システムは図1−3のように表すことができる。

第1章 資本市場とその機能

4 金利の決まり方

> 金利は金融資本市場の需給均衡で決まる。需要が増えれば金利は高くなり，供給が増えれば低くなる。他方，ファイナンス論では「金利は裁定の余地がないように決まる」との考え方もある。「リスクのない資産の利子率は安全利子率に等しい」がそれである。この裁定関係は需給均衡の必要条件，すなわち需給均衡していれば自動的に導かれる関係である。

　金利は利子率とも呼ばれ「今日の100円」と「1年後の100円」とを交換する市場価格である。例えば金利が年率1％とは今日の100円と1年後の101円とが等価で現在交換可能であることを意味する。この1年間の金利は今日の財市場，および1年後の財市場の両市場での需給を均衡させるように市場で決まることになる。今期の財の供給は消費と貯蓄に分けられ，他方，需要は消費と投資とからなる。財市場が均衡するには貯蓄と投資とが一致しなければならず，この一致は金融資本市場によって金利の調整によってなされる。

■資産市場の需給を均衡させる金利

　ここまで見てきたように，資本の供給主体は家計であり，需要主体は企業である。家計の貯蓄は1期の所得がOFの場合，金利に依存して決まる。他方，企業の資本需要（設備投資）も金利に依存して決まる。金利が高まると設備投資が減少するのが一般である。資本市場の均衡とはこの貯蓄と資本需要との一致を表し，資本市場では一致するように金利が決まることになる。

　この関係は図1－4に示される。FF′曲線は図1－2のOF曲線と対応しておりここでは，Fから横軸左に測って1期の資本投入量を表し，縦軸にそのもとでの2期の産出量（配当）を表している。またUU′曲線は無差別曲線を表している。この時，E点が均衡を表しており，そこでの傾き，すなわちZZ′直線の傾きの絶対値が（1＋金利）となっている。この場合，家計の貯蓄はKFであり，また企業の資本需要もKFであり，両者は一致している。これが資本市場の均衡である。1期の財の供給はOFであり，それは家計の1期消費量（需要）と企業の資本需要とからなっている。また2期も同様に財の供給，消費需要ともKEと一致している。これが冒頭に述べた両市場の均衡である。

　企業の2期産出量の増加が見込まれればFF′曲線は上方に拡張され，結果として金利は高まる（減少の場合は逆）。他方，家計の第1期所得が増えれば金利は低下する可能性が大となる（減少の場合は逆）。

図1-4　資産市場の需給均衡金利

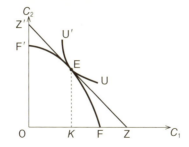

■裁定関係から導かれる金利

　金利の決まり方にはこの需給均衡概念と並んで裁定の概念によるものもある。例えば満期までの期限が同じ2つの短期金融市場A，Bがあるとしよう。そこで取引される両金融資産が極めて代替的（同等）ならば両金利は一致しなければならない。すなわち，$r_A = r_B$である。これが均衡の必要条件であり，この状況を「裁定の余地がない」と言い，日本語で言えば**一物一価の法則**となる。もし$r_A > r_B$ならば運用する主体は金利の高いA資産で運用を希望し，資金を調達する主体は金利の低いB資産で調達することを希望する。実際，裁定行動はB資産で資金を調達し，その資金でA資産に運用することによって裁定利益をリスクなく獲得することができる（$r_A < r_B$ならば逆）。このような裁定の余地がある場合には両市場で需給が一致することは期待できず均衡ではないことがわかる。

　ファイナンス論では裁定概念による均衡利子率等を求めることが重要な手法となっている。この場合，r_A，r_Bの水準を求めることはできず，言えることは両者が異ならないということだけである。ただし例えばA資産には全くリスクがないとするとその金利は**安全利子率**と呼ばれ，与えられることが多い。その場合，同じく「リスクのない金利r_Bは安全利子率と一致しなければならない」との表現が用いられる。

第1章 資本市場とその機能

5 資金調達の方法

最適な設備投資計画を検討する際にはその資金調達方法も考慮して決める必要がある。大きくは株式発行（増資）か借入れかという問題である。リスクのない単純なケースでは資金調達の如何は設備投資基準に影響を与えないことがわかる。リスクを考慮したより一般的な状況での検討は第8章で行う。

設備投資資金を調達するにはいくつかの方法がある。株式を発行して調達する方法，銀行から借りて調達する方法，社債を発行して調達する方法，あるいはすでに営業している企業にとっては内部留保で調達することも可能である。問題はそれら資金調達の方法が設備投資の投資基準に影響を与えるか否かである。例えば株式発行の場合での最適な設備は100億円であるが銀行借入れの場合には80億円に減ってしまうようなことがあるか否かである。これらの**設備投資の資金調達問題**はファイナンス理論では重要な問題として取り扱われ，本書では第8章で詳しく説明される。

■**社債発行と設備投資計画**

企業の設備投資の箇所（本章2）で最適な設備は株式時価総額である

$$S = -K + \frac{F(K)+K}{1+r} \qquad \cdots(1)$$

を最大にするように決められると説明したが，以下ではKの資金調達の一部として社債をBだけ発行する場合を考える。リスクを考慮しない場合，その金利は割引率と同じ金利となる。この結果，株式時価総額は

$$S' = -(K-B) + \frac{F(K)+K-(1+r)B}{1+r} \qquad \cdots(2)$$

となる。

裁定の説明をしたのでそれに基づいて(1)式，(2)式を説明しておこう。ここでは株式，社債が登場する。さらに安全資産としての金利rが与えられている。簡単化のため，株式，社債ともその収益にはリスクがないと仮定して，3資産は安全資産として互いに代替的としよう。この場合，社債の利回りは裁定条件からrとなる。株式に関してもその粗投資収益率が$1+r$にならなければならない。すなわち，

図 1-5　社債発行と均衡金利

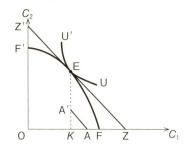

$$\frac{F(K)+K}{S+K}=1+r \quad \text{あるいは,} \quad \frac{F(K)+K-(1+r)B}{S'+(K-B)}=1+r$$

である。この裁定条件から(1)式，(2)式が導かれる。

■資金調達方法差異の効果

　(2)式の右辺を簡単化すると結局もとの(1)式に戻ることがわかり，最適な設備 K は社債の発行によって影響を受けないことが導かれる。株式時価総額も変わらない（$S=S'$）。このことを本章4と同じ座標軸の図1-5によって説明しよう。企業は1期目に社債を B だけ発行すると株式で調達する額は $K-B$ のAFとなり（AKが B である），2期目の株式からの収益はA'Eの $F(K)+K-(1+r)B$ となる。簡単な計算から最大にすべき S' は同じFZになることがわかり，このことから社債の発行は資本市場全体に何ら影響を与えず，企業は同じ最適な投資KFを行い，家計は2期目にKEを消費することがわかる。

第2章 市場構造と価格形成

1 情報と資産価格

> ファイナンス理論では，証券価格の情報効率性を仮定しており，投資家は公表された情報（public information）を分析しても収益機会は発見できない。一方，特定の投資家だけが保有している私的情報（private information）も存在し，これは情報を保有している投資家の取引行動を通じて価格に織り込まれる。

　ファイナンス理論では，証券価格には既発表の情報はすべて反映していることを前提としている。この仮定（価格の情報効率性）のもとでは，投資家は公表された情報（public information）を分析しても収益機会は発見できない。また，新しい情報は直ちに咀嚼され，価格に反映するので，行動が遅れた投資家は収益機会を確保することができない。一方，特定の投資家だけが保有している私的情報（private information）が存在し，これは情報を保有している投資家の取引行動を通じて価格に織り込まれる。他の市場参加者は，ニュースのような公表情報だけでなく，株価の動きを通して他の投資家のもつ私的情報にも注意を払っている。

■私的情報（private information）
　私的情報とは，まだ価格に織り込まれていない情報である。インサイダー情報に限らず，投資家の独自の情報収集や分析から得られた情報で，現在の株価がこの情報に照らして割安・割高と判断されれば，投資行動を起こし，収益機会を得ようとするであろう。私的情報は保有しているだけでは収益を産まないからである。したがって，市場には自分が知らない情報動機で取引に臨んでいる投資家がおり，この行動は価格や出来高を動かすきっかけになることから，価格に私的情報が織り込まれ，徐々に他の投資家の注意を喚起する効果をもつ。

■情報と株価
　公表情報は一瞬にして価格に反映してしまう可能性がある。どれくらいの時間で反映するのかは，発表情報が価格に織り込まれる過程に関するイベントスタディで研究されている。代表的な研究としては，マクロの経済統計の発表や企業の決算発表や増配などの企業情報と株価の反応などがある。一方，私的情報に関するイベントスタディとしては，M&A，増資などがある。こうした情報も企業によって発表されるが，しばしば発表前から株価が反応しているケー

スがあり，私的情報が株価に織り込まれる過程なのか，インサイダー情報がリークしているためなのか，が問われることになる。

■情報と出来高

情報と出来高の関係は，情報と価格変化の関係以上に興味深いものがある。Kim and Verrecchia[1991]は，情報公表時の投資家行動と市場出来高・価格変化の関係を考察している。まず，情報公表時の価格変化は，公表情報のサプライズ度と発表情報の重要性に依存して決まる。発表後の出来高は，発表された情報内容と直前までの投資家の所見（意見）の差が大きいほど増加幅が拡大する。まず，発表された内容がそれまで投資家が保有していた情報内容（例えば業績予想）に照らして**サプライズ**かどうかに依存する。事前の業績予想よりも良い（悪い）場合は，ポジティブ（ネガティブ）サプライズという。次に，投資家間の事前所見がどれくらいばらついていたかにより市場全体としての出来高の増減に違いがでる。投資家のなかには，強気派と弱気派がいるので，この差が大きければ所見のばらつきが大きい状況といえる。一方，小さな差しかなければ，所見のコンセンサスが高かったといえる。

新しい情報が発表されると，自身の所見と発表情報の違いが大きかった投資家ほど，大きなポジション変更を迫られる。こうした投資家が多ければ多いほど，大量の売買が市場で成立する。つまり，情報の発表は各投資家の所見を変化させ，それに適合するための取引を誘発する。投資家間の所見は同一ではなく，情報精度にも違いがあるとすれば，発表後の出来高は，事前の意見の違いの大きさや所見の正確性によって左右される。

出来高は発表された情報の投資家による解釈の違いを反映する，という仮説も提示されている。一方，事前の投資家の所見は同質的であったとしても，発表情報の解釈の違い（意見の相違）があれば取引が生じる，という考え方もある。情報を株価の評価につなげるには，分析力が必要となる。利益の10％増加が即，株価の10％増になるとは限らない。すでに株価には投資家の読みが織り込まれている可能性があるからである。業績の数字から将来の株価の動きを推察する分析力は，機関投資家と個人投資家では差があり，これが投資家間の異なる反応につながるとみることもできる。情報が発表され，すべての投資が同じ情報を受け取っても，強気に受け止める投資家と弱気の投資家がでてくるのは，こうした分析力の違いがあるためとも言える。

第2章 市場構造と価格形成

2 流動性

> 流動性が高いとは，取引にかかるコストが低いことを意味する。ビッド・アスク・スプレッドが小さく，取引量に制約がなく，注文が市場価格にせず，取引完了まで時間を要しない状況をいう。証券投資を行う投資家にとって，売買が容易であるということは，投資戦略の実行に直接影響し，投資成果を左右する要因である。

マーケット・マイクロストラクチャーにおいて「流動性」とは取引の容易性を表す概念である。証券投資を行う投資家にとって，売買が容易であるということは，投資戦略の実行に直接影響し，投資成果を左右する要因である。流動性が高いとは，取引コストが低いことを意味するが，これには次の3つの要因が関係する。すなわち①ビッド・アスク・スプレッドが小さいこと，②取引量に制約がなく，注文量が市場価格に影響しないこと，③取引完了までに時間がかからないこと，である。実際にはこれらの条件がすべて満足されるケースはまれであり，どの程度の制約があるかによって流動性は左右される。

■取引コスト

流動性の高低は，その証券の売買にかかる取引コストの大小で測ることができる。取引コストが小さいほど，流動性は高いといえるので，両者は逆相関の関係にある。取引コストに影響する要因は，ビッド・アスク・スプレッド，マーケット・インパクト，機会コスト，証券会社に払う売買委託手数料（消費税を含む）の4項目がある。

■ビッド・アスク・スプレッド

市場での売買においては，買い手と売り手で異なる価格が提示されている。買い手が直ちに注文を執行しようとすると，「アスク」価格で購入することができる。一方，売り手の場合は「ビッド」価格で売却することができる。通常，アスク価格はビッド価格よりも高く，この差をビッド・アスク・スプレッドと呼ぶ。市場に待機している注文のうち，最良の価格条件（＝最良気配）のアスクとビッドから計算する。スプレッドは，売買行動に伴って発生する取引コストの一部であり，スプレッドが広いと取引コストは高くなる。

■マーケット・インパクト

　市場に待機している流動性に比べて注文が大きいと，売買価格は最良気配よりも悪い条件になることがある。最良気配に比べて執行価格が悪くなった程度をマーケット・インパクトと呼ぶ。自分の注文で価格を動かしてしまうと，取引コストはその分だけ増加する。マーケット・インパクトを発生させないためには，発注量を適切に管理する必要がある。最近では，コンピュータを活用したアルゴリズム取引などで注文を小口化し分割発注する戦略が増えている。注文を小口化すれば，各取引で発生するマーケット・インパクトは小さくなるが，予定した注文量を完了するまでに要する時間が長くなることに注意しなければならない。時間の経過とともに，価格が変動してしまい，機会コストが発生する可能性がある。小口分割発注は，他の投資家の関心を呼びやすく，こうした注文の存在を先回りして価格に反映してしまうことがあるからである。

■流動性の供給

　市場に待機している流動性はどのようにして供給されているのか。これは取引するマーケットの仕組みによって異なる。マーケットメイカーと呼ばれる仲介者を置いているマーケットもあれば，他の投資家の出す指値注文が流動性供給の役割を果たすマーケットもある。前者は国債や社債のような債券市場で多く見られ，後者は日本の株式市場の仕組みが代表例である。

　マーケットメイカーは短い時間に売り買いの売買を繰り返すことにより，売値（売り気配）と買値（買い気配）の差額を流動性供給の対価として取得する。しかし，私的情報の顕在化により株価が大きく動くと，買値が売値を上回ってしまう状況に直面することも少なくない。これを逆選択リスクといい，マーケットメイク業務のリスクである。

　ビッド・アスク・スプレッドのところで説明したとおり，投資家が出した指値注文のうち，売り指値注文が「アスク」となり，買い指値注文が「ビッド」となる。指値注文の執行は，成行注文等に依存することになるので，瞬時に約定することは困難であるが，指値として指定した価格条件で執行されるというメリットがある。指値注文者は，注文する時点で自分に有利な価格を指値に指定することができるが，取引の経過とともに，相手にとって有利な状況になってしまうことがしばしばある。このような状況を「勝者の呪い」と呼ぶ。指値注文が約定したことは成功といえるが，約定した時点では，もっと有利な価格が望めたことに気がつき，恨めしい思いをすることがある。

第2章 市場構造と価格形成

3 マーケット・マイクロストラクチャー

> マーケット・マイクロストラクチャーは，マーケットの仕組みと投資家行動の関係を研究する。流動性の違いはその証券を保有する投資家のタイプに影響する。市場の高速化で高頻度取引（HFT）が取引の40-50%を占める状況は流動性に悪い影響を与えることはないのか，流動性はどのような状況で枯渇するか，といったテーマが研究されている。

マーケット・マイクロストラクチャーは，マーケットの仕組みと投資家行動の関係の研究分野である。市場の流動性はその仕組みによって左右されるのか，投資家は流動性が高いことを常に好むのかなど，情報の価格効率性を前提にしたファイナンス理論では所与として扱われるテーマをより現実的な設定のもとで理論的，または実証的に追及する。

■市場の仕組み

市場の仕組みとは，流動性の供給システムの違いである。マーケットメイキング型では，流動性供給に従事する証券業者を配置して，他の投資家の売買がスムースに行くようにしている。オーダードリブン型では，個々の投資家の指値注文が流動性供給の役割を担う。株式市場は，オーダードリブン型が多数を占め，マーケットメイキング型が債券や米国の株式市場で採用されている。また，注文のマッチングを行うタイミングや頻度の違いと流動性の関係も重要な研究テーマである。

株式市場の構造と機能は2000年以後大きく変化した。市場の電子化の帰結として，売買行動の高速化が競われ，市場インフラの高速化が進められてきた。高頻度取引業者（High Frequency Trading：HFT）の市場におけるウェイトが40-50%に高まり，人間の視覚能力を超えたスピードで売買する参加者の影響が注目されている。また，取引の場が多様化し，同じ証券が異なる市場で，同時に売買されることは珍しくない。これは市場分断とも呼ばれる。注文を集中化か，多様なニーズに合わせて仕組みの競争が望ましいのかが重要なテーマとして浮上している。このようにマーケット・マイクロストラクチャーは現実の市場の政策・規制問題とも深くかかわっている。

■資産価格理論と流動性

流動性は取引コストの大小を通して投資成果と密接に関係する（本章2参照）。このため，低流動性銘柄は長期の投資ホライズンの投資家によって選好

され，高流動性銘柄は短期ホライズンの投資家によって保有される傾向がある。これを資産保有状況における顧客効果（clientele effects）という。アセット・プライシングの決定要因として，マーケット要因や割安割高，成長要因に加えて，流動性要因を考慮するという考え方が一般的になりつつある。流動性を表す変数としては，ビッド・アスク・スプレッドやマーケット・インパクトに関係する流動性指標をはじめ多様な流動性指標が試算されている。

■流動性の共通性・枯渇

　流動性の共通性（commonality）とは，個別証券の流動性ではなく，多数の証券の流動性決定要因に共通性がある。気配スプレッド，実効スプレッド，デプスなどの流動性指標の動きは，銘柄間で高い相関があり，流動性の決定要因として広く認識されている出来高，ボラティリティ，価格などの影響をコントロールしても，共通要因があるとされる。

　流動性の水準は時間を通じて一定ではない。高流動性銘柄と呼ばれる銘柄でも流動性が低下し，ビット・アスク・スプレッドが広がると，売買にかかる取引コストが増大する。低流動性銘柄の流動性変化は，高流動性銘柄よりも一般に大きい。したがって，売買が困難な状況になることも想定しておく必要がある。流動性は投資家の換金行動を制約する可能性があるだけに，投資家の銘柄選択を左右する要因となる。

　流動性枯渇に関する仮説は，供給サイドと需要サイドのどちらがトリガーとなっているかについて，2つの見方がある。供給サイドに注目した代表はBrunnermeier and Pedersen[2009]で，マーケットに流動性を供給する仲介業者が直面する資金調達制約に注目する。価格の下落は資金調達のために差し出している担保の価値を目減りさせ，担保追加（マージンコール）が要求される。このため，保有ポジションの売却を迫られる事態となり，この売りがさらに株価を下げる要因となる。流動性枯渇への連鎖反応（illiquidity spiral, feedback loopとも呼ばれる）はこのようにして深刻化する。一方，需要サイドに注目する仮説では，機関投資家の行動に見られる同調性に原因があるとする。投資家保護がぜい弱な新興国投資等では，個別企業のリスクを避けるため機関投資家の運用がインデックス型やバスケット取引という形態をとるため，危機に直面するとマーケット全体を売る行動につながりやすい。

第3章　株式

1 収益率（リターン）とそのリスク

ファイナンス理論では、価格ではなくその収益率（「リターン」という）を使って議論を展開する。実際には、リターンは将来実現する価格がわからないので不確実だが、その発生装置が確率分布に従うものと仮定される。教科書レベルでは簡単化のために正規分布が想定され、その期待値を「期待リターン」、その標準偏差を「リスク」として理論を構築する。

■収益率（リターン）

ファイナンス理論では、資産を価格水準ではなくその変化率であるリターン（期末の価格/期首の価格 −1）を使う。投資収益率ともいう。これによって、価格水準の異なる資産間でも比較できる。ただし、株価が10円の株式が20円になったらリターンは100％だが、同じ10円の増加でも株価が100の場合は10％と大幅に小さくなることに留意しなければならない。

期首の価格は与えられるが、期末の価格は不確実なのでリターンも不確実となる。ファイナンス理論では、リターンは確率変数で、最も簡単な正規分布に従う確率変数として扱われる。正規分布であれば左右対称の釣鐘型であり、期待値と標準偏差の2つの情報で分布を特定できるので簡単だからである。

株式市場での検証によれば、正規分布よりも両端部分の密度が多少厚く、中央が尖った形状であることが示されているが、正規分布で概ね代用できる。

■リスク資産と無リスク資産

資産のリターンは正規分布に従う確率変数であり、期待リターンは期待値、リスクは標準偏差で表現されるのが一般的である。標準偏差がゼロではない一般的な資産をリスク資産と呼ぶのに対して、標準偏差がゼロ、すなわち、将来生起するいかなる事象についても同一リターンをもたらす資産を無リスク資産という。

■期待リターン（分布の期待値）

リターンを確率変数R（R_iは事象iが発生したときの値）、事象iの発生確率をp_iとすると、期待リターン$E(R)$は次式のとおり定義される。

$$期待リターン：E(R) = \sum_{i=1}^{m} R_i p_i$$

連続分布では,累積確率密度がちょうど50％となるときの値すなわち期待値を期待リターンと呼ぶ。

通常,他の条件が同一ならば期待リターンの高いほうを選好するが,期待リターンが高くてもリスクが高ければ,人々は判断に迷う。そこで,投資機会として各資産を検討する上で,期待リターンのほかにリスクを同時に考慮することが必要となる。

■リスク

実現したリターンが期待リターンから乖離すればするほどリスクが高いとみなせるだろう。そこで,リスクの代理変数として期待値からの乖離(絶対値)の平均を表す標準偏差$\sigma(R)$が採用されている。これは次式のとおり,「期待値からの乖離の2乗の期待値の平方根」として計算される。

$$リスク：\sigma(R) = \sqrt{\sigma^2(R)} = \sqrt{\sum (R_i - E(R))^2 p_i}$$

正規分布の場合は,この期待値と標準偏差の2つの情報で分布を特定できるので,標準偏差$\sigma(R)$を唯一のリスクとしたが,より現実的な分布に近づけるためには,高次のリスクとして,歪み(期待値からの乖離の3乗の項),尖り(期待値からの乖離の4乗の項)などの情報がさらに必要となる。

また,リスクの表現の仕方も通常とは異なる。一般には,損失を被るときだけを「リスク」と認識するが,利益を得るときをリスクと表現しない。しかし,上記の定義ではリスクは絶対値なので,価格が上昇して正のリターンを得るときも,下落して損失を被るときと同様にリスクとみなすことになる。これは資産を売ることを前提に買うロングポジション(買い持ち)を通常想定しているからだが,例えば,買い戻すことを前提に売る空売りなどでショートポジション(売り持ち)をとるときには,損失領域が利益を得る領域となるので,ファイナンスでは,どちらの領域についても期待値から乖離すればリスクが高いと表現する。

第3章　株式

2 リスク選好

　本章1では，資産を期待リターンとリスクの2つの情報で表示できることを示した。投資家は，これらの与えられた資産のなかから，自らのリスク選好に従って，最も満足度（「効用」という）の高い資産（あるいは，その組み合わせ）を選択する。投資家は効用曲線を基礎に導かれた無差別曲線を判断基準として資産選好を行う。

■投資家のリスク選好：無差別曲線

　投資家は複数の資産の間での選好序列をどのように決めるのだろうか。図3－1で示されるとおり，一般には，例えば，リスクが同一のとき，期待リターンがより高い資産$A^{\uparrow}$とより低い資産$A^{\downarrow}$では$A^{\uparrow}$を，期待リターンが同一のとき，リスクのより低い資産$A^{\leftarrow}$とより高い資産$A^{\rightarrow}$では$A^{\leftarrow}$を選択するであろう。縦軸に期待リターン，横軸にリスクの図上で，このように北西（南東）方向にある資産ほど効用が高く（低く）なるとき，そのような判断を行う投資家をリスク回避者という。

　このような簡単な比較であれば判断しやすいが，期待リターンが高（低）くてリスクも高（低）いときは迷ってしまう。そのような場合には整合的な判断基準として無差別曲線が必要となる。

　無差別曲線は効用曲線から導かれる。リスク回避者の効用曲線は，図3－2(a)のとおり，横軸をリターン，縦軸を期待リターンとして，逓減的な右上がりの曲線として描ける。そこでは，利益が得られたときの効用の増加分（限界効用）に比べて，同額の損失を被ったときの効用の減少分が大きい。損失を被ったときの失望のほうが利益を得たときの喜びより大きいのでリスク回避的というわけだが，リスクをテイクしないというのではない。リスクに対して要求する対価（プレミアム）がより大きいということである。

　無差別曲線は，期待リターンとリスクの間で等効用の組み合わせの集合を示すいわば等高線である。縦軸を期待リターン，横軸をリスクとすると，図3－2(b)のとおり，横軸に凸形の曲線が描ける。この1本の曲線上にある資産および組み合わせは等効用を示し，北西方向にある無差別曲線ほど効用水準が高い資産を示す。

図3-1　期待リターンとリスクの間の選好関係

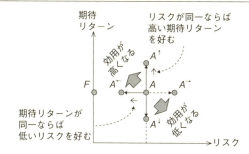

図3-2(a)　効用曲線とリスク回避

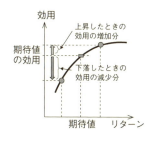

図3-2(b)　無差別曲線

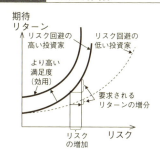

■リスク回避度とリスク・プレミアム

　リスク回避者は，リスクの追加負担に対する対価としてリターンの増加を要求する。これをリスク・プレミアムという。リスク・プレミアムの大きさは人によって異なり，リスク回避度の高い人は，リスク限界1単位の負担に対してより高いプレミアムを要求する（図3-2(b)参照）。したがって，リスク回避度はリスク・プレミアムの大きさで示されることになる。

　無差別曲線の形状は，リスク回避が高い（低い）投資家ほどその傾斜が急（緩やか）になる。これは直感的には明らかである。リスク回避度の高い（低い）人のほうが同一単位のリスク増加に対してより高い（低い）期待リターンの増分を求める（で満足する）であろうから，無差別曲線が急な（緩い）傾斜の投資家のほうが，リスク回避が高い（低い）ことになる。このリスク回避は，効用曲線で示すと，その曲率（左上方への曲がり具合）が大きく（小さく）なればプレミアムが大きく（小さく）なるので，リスク回避度が高く（低く）なる。

第3章 株式

3 投資機会

単一のリスク資産の投資機会は，その分布（期待値，標準偏差）で示されたが，複数の資産からポートフォリオを構成するのが一般的である。ポートフォリオは，証券を集めて1つの投資単位としたものである。ポートフォリオによる投資機会は資産間の相関によって異なるが，その形は2資産では弓状，n資産では傘状となる。

■ポートフォリオのリターンとリスク

複数の資産から構成された集合をポートフォリオという。資産iの収益率をR_i，資産iへの投資割合をX_i($X_1 + X_2 \equiv 1$) とすると，2資産から構成されるポートフォリオの収益率R_Pは次式で表される。

$$R_P \equiv X_1 R_1 + X_2 R_2 \qquad \cdots(1)$$

そこで，ポートフォリオの収益率R_Pの確率分布を導いてみよう。期待値は$E(R_i)$，標準偏差は$\sigma(R_i)$と表記する。まず，期待値$E(R_p)$は，期待値の和の法則より，

$$E(R_p) \equiv X_1 E(R_1) + X_2 E(R_2) \qquad \cdots(2)$$

となる。次に，ポートフォリオの収益率の分散は，定義により，

$$\sigma^2(R_p) \equiv E[R_p - E(R_p)]^2$$

なので，(1)式と(2)式を代入して，

$$\begin{aligned}\sigma^2(R_p) &\equiv E[X_1\{R_1 - E(R_1)\} + X_2\{R_2 - E(R_2)\}]^2 \\ &\equiv X_1^2 E[R_1 - E(R_1)]^2 + X_2^2 E[R_2 - E(R_2)]^2 \\ &\quad + 2X_1 X_2 E[\{R_1 - E(R_1)\}\{R_2 - E(R_2)\}]\end{aligned} \qquad \cdots(3)$$

となる。上式において，右辺第1項は資産1の分散，第2項は資産2の分散，第3項は資産1と資産2の共分散を示す。共分散は資産1と資産2の共変動性を表す。共分散を$\mathrm{Cov}(R_1, R_2)$で表すと，ポートフォリオの分散$\sigma^2(R_p)$は次式のとおりとなる。

$$\sigma^2(R_p) \equiv X_1^2 \sigma^2(R_1) + X_2^2 \sigma^2(R_2) + 2X_1 X_2 \mathrm{Cov}(R_1, R_2) \qquad \cdots(4)$$

共分散$\mathrm{Cov}(R_1, R_2)$は，資産1と資産2の相関係数を$\rho(R_1, R_2)$で表すと，

$$\mathrm{Cov}(R_1, R_2) \equiv \rho(R_1, R_2) \sigma(R_1) \sigma(R_2) \qquad \cdots(5)$$

つまり，資産1と資産2のそれぞれのリスクと相関の積として書き直せるので，(3)式は次式のように言い換えられる。

図3-3　投資機会線の導出（2資産）

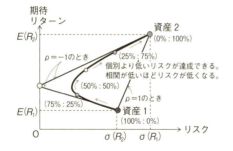

図3-4　投資機会（n資産）

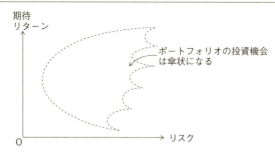

$$\sigma^2(R_p) \equiv X_1^2 \sigma^2(R_1) + X_2^2 \sigma^2(R_2) + 2X_1 X_2 \rho(R_1, R_2) \sigma(R_1) \sigma(R_2) \quad \cdots(6)$$

■実行可能な投資機会

　期待リターンと構成比の関係を示した(2)式とリスクと構成比の関係を示した(6)式から構成比(X_i)を消去すれば，期待リターンとリスクの関係を図3-3のように示すことができる。

　完全相関（$\rho=1$）のときには資産1の点と資産2の点を結ぶ直線となり，負の完全相関（$\rho=-1$）のときには資産1の点から直線を引き縦軸に達したところでキンクして資産2の点と結んだ直線となる。それ以外の一般的な$-1<\rho<1$のときは資産1点と資産2の点を結んだ弓状の曲線が描ける。ここで，相関係数が低くなるほど弓の撓り方が強くなる。これを投資機会線，あるいは，実行可能集合という。同様の手続きで，n資産に増やすと，実行可能集合は図3-4で示されるとおり，線ではなく開いた傘のような形状となる。これを「ポートフォリオの傘」ともいう。

第3章　株式

4 最適ポートフォリオ選択1
―リスク資産のみの場合

本章2で投資家のリスク選好を示す無差別曲線を，本章3で投資機会を，縦軸に期待リターンと横軸にリスクの同一次元で描いたので，両者を重ね合わせて，実行可能な投資機会のなかで最も効用の高い組み合わせを選択するのが合理的となる。これを最適ポートフォリオ選択（行動）という。

■有効フロンティアと最適リスク資産ポートフォリオ

投資家は，本章3で示した実行可能集合上のすべての点（ポートフォリオ）を検討し，そのなかで期待効用の最も高いポートフォリオを選択することになるが，この実行可能集合全体を検討する必要はない。投資家がリスク回避者であれば，期待値が同一のとき，実行可能集合のなかで最もリスクの小さいポートフォリオを選好する。すなわち，図3-5において，S点は，期待値がE_0の中で最もリスクの小さいポートフォリオを示しており，SN線上のどのポートフォリオよりも選好される。このような実行可能集合の左端にあるポートフォリオを最小分散ポートフォリオという。すべての可能な期待値について最小分散ポートフォリオを求めると，その軌跡がQSVR曲線となる。

しかし，この最小分散ポートフォリオのすべての点が投資家の選択対象ではない。最小分散ポートフォリオの左端の点をVとすると，QSVR曲線上のVR部分は期待値が低下し，その上，リスクも増加している。リスク回避者であれば，このようなポートフォリオは絶対に選択しない。こうして，最小分散ポートフォリオの一部であるQSV曲線がリスク回避的な投資家にとって選択の対象となる投資機会集合であることがわかる。これを有効フロンティアという。

図3-5　有効フロンティア

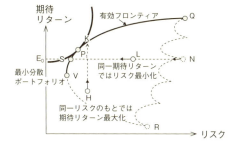

図3-6　最適ポートフォリオ

■最適ポートフォリオ選択

　それでは，有効フロンティア上のどの点が投資家にとって最大の満足を得られるポートフォリオであろうか。投資家の期待効用を最大化するようなリスク資産の最適ポートフォリオは，投資家のリスク選好を描く無差別曲線に依存する（図3-5参照）。そこで，効用関数の異なる投資家1と2を考えてみよう。リスク回避が相対的に高い投資家1の場合には有効フロンティア上のP_1点を，投資家2の場合にはP_2点を選択するのが合理的である（図3-6参照）。P_1点に比べるとP_2点のほうがリスクの大きい資産を多く含んでおり，直感的にも整合的である。このように，各投資家にとって最適なリスク資産ポートフォリオは，有効フロンティアとその投資家固有の無差別曲線の接点によって導かれる。

第3章 株式

5 最適ポートフォリオ選択2
——無リスク資産がある場合

> リスク資産間での最適ポートフォリオ選択では，投資家ごとに最適ポートフォリオも異なるため，市場全体の需要構成比を集計できなかったが，無リスク資産を導入すると，リスク資産間の最適構成比がすべての投資家に同一となり，無リスク資産とリスク資産の最適ポートフォリオの決定が独立となる。

■リスク資産価格の決定

任意のリスク資産 i の価格は，投資家全体の i の需要構成比＝市場での i の供給構成比を均衡条件として導くことができる。供給構成比は短期的には発行市場において所与なので，需要構成比が得られれば価格が決定できる。

本章4では，すべての資産がリスク資産であるものとして最適ポートフォリオを決定したが，リスク資産の最適ポートフォリオは投資家ごとに異なっていた。これでは，投資家全体が需要するリスク資産の最適構成比（リスク資産需要構成比）を導くことができないが，国債等の無リスク資産を投資対象に加えてより現実化すると，都合のよいことに，ユニーク（唯一）なリスク資産需要構成比が得られ，均衡価格を導くことができる。

■無リスク資産がある場合の最適ポートフォリオ選択

まず，実行可能集合上の任意のポートフォリオ（あるいは，資産）J と無リスク資産 F を組み合わせると，その投資機会軌跡は直線 FJ となる。本章3の(6)式において資産1を無リスク資産，資産2を任意の資産 J と置き換えれば，$\sigma(R_F)=0$ なので無リスク資産との投資機会は直線となることがわかる。

こうして，実行可能集合にあるすべてのポートフォリオ（あるいは，資産）との間で投資機会線を引くと新しい実行可能集合が描け，無リスク資産がある場合の有効フロンティアは，無リスク資産 F 点を切片にして実行可能集合に接するように引かれた半直線となる。そのときの接点 T を接点ポートフォリオという。T 点から北東の線上の点は，無リスク金利で借金して T ポートフォリオを100％を超えて保有する組み合わせを示す。

そこで，無差別曲線を重ね合わせれば最適ポートフォリオが見つかる。最適ポートフォリオは，無リスク資産とリスク資産ポートフォリオ T との組み合わせを示す半直線と無差別曲線の接点となる。無リスク資産がある場合の最適ポートフォリオは，図3-7において，投資家aの場合は P_a，投資家aに比べて

図3-7　無リスク資産があるときの最適ポートフォリオ

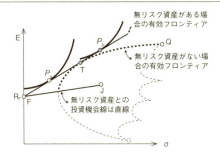

リスク回避度が低い投資家bの場合はP_bとなる。投資家bの場合は接点がT点より北東の線上にあるが、これは無リスク金利で借入をしてTポートフォリオを100%を超えて保有することで実現できる。

こうして、無リスク資産がある場合、有効フロンティア上のすべての点は、無リスク資産と接点ポートフォリオTとの組み合わせとなり、投資家にとって、リスク資産間の最適構成比は常にT点におけるものとなる。すべての投資家が接点ポートフォリオにおけるリスク資産の組み合わせを選択するのである。

■ポートフォリオの分離定理

このように、無リスク資産があるとき、リスク資産内での最適ポートフォリオ（T点）を決定する問題と、無リスク資産を含めた全資産の最適ポートフォリオを決定する問題とが分離して独立に行われる。これを「ポートフォリオの分離定理」あるいは研究者の名前をつけて「トービンの分離定理」という。

分離定理によって、リスク資産の最適構成比はすべての投資家に共通なので、投資家全体のリスク資産の需要構成比も同一となる。リスク資産iについて、発行市場での供給構成比が需要構成比を上回る（下回る）超過供給（超過需要）の場合は価格が下落（上昇）し、両構成比が一致するように価格が調整され、リスク資産の均衡価格が導かれる。本章7ではリスク資産の均衡価格を具体的に導く。

第3章　株式

6 効率的市場仮説

現在の市場における株価には，投資家が利用可能な全情報が反映されており，その結果として正のリスク調整後リターンを継続して獲得することが不可能であるような市場を「効率的市場」と呼ぶ。そして資本市場が効率的市場であると仮定するのが「効率的市場仮説」である。

■効率的市場

Fama[1965]は，すでに起きたイベント，および将来起こることを市場が現時点で予想できるイベントに基づく情報の効果のすべてが，現在の資本市場における個別証券の価格に反映している状態が，多数の知的な投資家の競合（competition among the many intelligent participants）により導かれると仮定した。この時に資本市場においては，いかなる投資家もリスク調整後リターンを恒常的に獲得することは不可能であり，こうした市場を「効率的市場」と呼ぶ。

■リスク調整後リターン

効率的市場を正しく理解するためには「リスク調整後リターン」の定義が重要である。投資の成果は不確実性を伴うため運良くハイリターンが獲得されることもあるし，例えばレバレッジのかかったヘッジファンドのようなハイリスク・ポートフォリオを保有することからもハイリターンが期待できるが，効率的市場はそうした状況を排除しているわけではない。

ここである証券の第t期のリターンをR_t，そして入手可能なすべての情報について知的な投資家が余すことなく分析した結果から期待されるリターンを$E(R_t^*)$とする。最適な予測に基づくことから，$E(R_t^*)$にはその証券のリスクも反映されているはずである。ここで$(t-1)$期末で投資家が入手可能な情報の全体をF_{t-1}とすれば，効率的市場においては，以下の(1)式

$$E(R_t - R_1^* \mid F_{t-1}) = 0 \qquad \cdots(1)$$

が成立しなければならない。もし(1)式が成立しないとすれば，それはF_{t-1}に含まれる何らかの情報を用いて株価，あるいは株式リターンが予測可能であることを意味するため，リスク調整後（つまり適切にリスクを考慮した後）においても，超過リターン$R_t - R_t^*$を獲得できることになってしまう。

■ウィーク，セミストロング，ストロング・フォームの効率的市場

　次にここでの情報とはどのようなものかについて考えてみよう。Fama[1970]は利用可能な情報について分類することから，3種類の効率的市場について議論した。

　まず利用可能な情報を，過去の株価，株式リターン，取引高など市場において記録された情報に限定しても，リスク調整後リターンを得ることができないとするのがウィーク・フォーム（weak form）の効率的市場である。次に過去の株価情報等に加えて，例えば公表された財務諸表などの公的情報（public information）までとするのがセミストロング・フォーム（semi-strong form），そしてインサイダー情報のような特定の投資家だけが入手可能な私的情報（private information）を含むすべての情報を用いた予測を前提とするのが，ストロング・フォーム（strong form）の効率的市場である。

■効率的市場の定義に関するその後の展開

　一般的な教科書やウェブサイトなどでの効率的市場仮説の定義は，上述のFama[1965, 1970]での定義に基づくことがほとんどである。ただしFama[1991]では，それまでのウィーク，セミストロング，ストロング・フォームに替えて，予測可能性（predictability），イベントスタディ（event study），私的情報（private information）の3分類が提案されている。また現実の資本市場が効率的であるかどうかを議論するためには，特定の投資戦略を実行する際のコストの議論も不可避である。なぜならば，仮にリスク調整後リターン（(1)式左辺）がゼロでないとしても，それが投資戦略の実行コストの範囲内であれば，実際にはリスク調整後リターンを現実の市場において獲得することはできないからである。

第3章 株式

7 Capital Asset Pricing Model

Capital Asset Pricing Model (CAPM) とは，証券の価格付け（プライシング）のための均衡モデルの一種。個別証券のリスクは「ベータ」として把握され，期待超過リターンは市場ポートフォリオの期待超過収益率とベータの積となる。

■前提条件

Capital Asset Pricing Model (CAPM)，「資本資産価格モデル」とは，Sharpe[1964]，Lintner[1965]，およびMossin[1966]において提案された証券のプライシングのための均衡モデルである（このためSharpe-Lintner-Mossin modelと呼ばれることもある）。CAPMはマルコビッツの平均分散モデルを前提として導かれており，シャープはマルコビッツとともに1990年にノーベル経済学賞を受賞している。

CAPMでは①投資家は平均分散モデルに従って合理的行動するという仮定に加えて，②投資家は証券の期待リターンと共分散行列について同質的期待 (homogeneous expectations) を持つ，③無危険利子率で無制限に借入，貸出が可能，④証券取引において（税金を含む）取引コストはゼロ，⑤単元株のような最低売買単位を考えなくてよいし，負の保有比率（＝空売り）も認められる（保有比率に関する一切の制限はない），といった前提が置かれている。

■市場ポートフォリオと2資産分離

上述の前提の下では，投資家の最適ポートフォリオは，無危険資産と市場に存在するすべての危険資産を総計した市場ポートフォリオ (market portfolio) との組み合わせとなる。したがって無危険資産(F)と危険資産のポートフォリオ・フロンティア上に存在する市場ポートフォリオ(M)とを結ぶ直線（資本市場線）上のどこかに，投資家のリスク態度（危険回避度）に応じて最適ポートフォリオは存在する。ここでの無危険資産と市場ポートフォリオの組み合わせにより最適ポートフォリオが与えられる状況が2資産分離 (two fund separation) である。

図3-8　効率的フロンティアと2資産分離

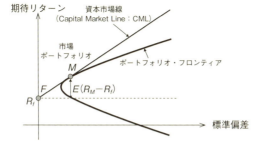

■価格評価式

ここでR_jを第j銘柄のリターン，R_Mを市場ポートフォリオMのリターン，R_fを無危険利子率，市場ポートフォリオリターンの分散をσ_M^2，証券jのリターンと市場ポートフォリオリターンの共分散を$\sigma_{j,M}$とする。CAPMが成立している市場においては，証券jの期待超過リターン$E(R_j)-R_f$は以下の(1)式により与えられる。

$$E(R_j)-R_f=\beta_j(E(R_M)-R_f), \quad \beta_j=\frac{\sigma_{j,M}}{\sigma_M^2} \quad \cdots(1)$$

定義からわかるようにベータ(β_j)は証券jからのリターンの市場ポートフォリオ超過リターンR_Mに対する感応度である。また(1)式の両辺の期待値を外すと

$$R_j-R_f=\beta_j(R_M-R_f)+\varepsilon_j \quad \cdots(2)$$

であるが，この時にε_jの分散をω_j^2とすればR_jの分散σ_j^2は以下の(3)式で与えられる。

$$\sigma_j^2=\beta_j^2\sigma_M^2+\omega_j^2 \quad \cdots(3)$$

(3)式右辺の第1項をシステマティック・リスク，第2項をアンシステマティック・リスクと呼ぶ。アンシステマティック・リスクは多数の銘柄への分散投資によりゼロに近づけることが可能である。

■ファイナンスにおける応用

CAPMは非常にシンプルで実務上も扱いやすいモデルである。このため現在に至るまで株式資本コストの推定，運用パフォーマンス評価など，ファイナンスの多くの分野で利用されている。

第3章 株式

8 アノマリーと株式アクティブ運用

現実の株式市場においては，既存の理論・モデルによっては説明されないアブノーマル・リターンが獲得可能な状況が多く存在することが知られている。そうした効率的市場仮説への反例というべき株価形成のパターン，投資の経験則を総称して「アノマリー」と呼ぶ。

■リターンの予測可能性

効率的市場においては，利用可能な情報はすべて現在の証券価格に反映しており，その結果として継続的にリスク調整後リターンを獲得することはできない。しかしながら現実の市場では，特定の情報を用いてプライシングモデルでは説明されないアブノーマル・リターンを獲得することが可能な場合が存在する。このような効率的市場仮説への反例となるアブノーマル・リターンの獲得機会を「アノマリー」と呼ぶ。したがってアノマリーが存在するためには，特定の情報を用いて将来のリターン（あるいは証券価格）が予測可能であることが必要条件となる。

■CAPMとアノマリー

アノマリーとは特定の理論やモデルでは説明することができないアブノーマル・リターンの存在なので，プライシングモデルを固定した上で他の変数が予測可能性を持つかどうかを検証することになる。例えばCAPMを前提として考えてみよう。CAPMに関する初期の実証研究では以下のようなクロスセクション回帰モデルが用いられた。

$$R_j = c_0 + c_1 \beta_j + \sum_{i=1}^{k} \gamma_i x_{ji} + \varepsilon_j \qquad \cdots (1)$$

ここで x_{ji} はアノマリーの源泉となっている時価総額対数値，EPRなどの財務変数である。もしCAPMを前提として市場が効率的であるとすれば，これらの変数はすべてリターンに対して説明力を持たないため，回帰係数 $\gamma_i, i=1, \cdots, k$ はすべてゼロとなっているはずであり，回帰分析においては少なくとも有意であってはならない。実際のところCAPMが提案された1960年代に実施された実証研究の多くはCAPMを支持するものであった。しかし1970年代以降では，回帰係数が統計的に有意となる財務特性が複数あることが明らかとされた。それらがCAPM related anomalyである。

■代表的なアノマリー

①小型株効果（時価総額対数値）

　小型株（時価総額が小さな銘柄群）のリターンは大型株（株式時価総額が大きい銘柄群）と比較して高い傾向を持つ。

②バリュー株効果（純資産株価倍率＝純資産/時価総額，B/M）

　バリュー株（B/Mが高い）のリターンはグロース株（B/Mが低い）と比較して高い傾向を持つ。

③モメンタム効果（過去1年間の実現リターン）

　ウィナー（過去1年間の実現リターンが高かった銘柄群）の翌1年間のリターンはルーザー（過去1年間の実現リターンが低かった銘柄群）と比較して高い。

④1月効果（January effect）

　カレンダーベースのアノマリーの一種。他の月と比較して1月に株価が上昇する，すなわち1月の実現リターンが高くなる傾向。

■株式のパッシブ運用，アクティブ運用

　仮に市場が効率的であるとすれば，証券分析を実施しても理論モデルから期待されるリターン以上の投資成果を期待することはできない。したがって市場ポートフォリオに近いと考えられる株価インデックスを保有することが合理的である。こうした運用方針は証券分析を行わないという意味で情報の利用について消極的（passive）であることから「パッシブ運用」と呼ばれる。一方で，現実の市場に関しては，小型株効果，バリュー株効果などのアノマリーが存在することが知られており，積極的（active）な情報分析に基づいて正のリスク調整後リターンの獲得を目指すのが「アクティブ運用」である。

第3章 株式

9 Fama-French 3ファクターモデル

> Fama and French[1993]は，小型株効果に対応するリスクファクターSMB，バリュー株効果に対応するリスクファクターHMLを，シングルファクターモデルであるCAPMに追加してFama-French3ファクターモデルを提案した。同モデルはCAPMと比較して高い説明力を持つことが知られ，現在ではファイナンス研究上の'defacto standard'となっている。

■アノマリーとCAPMの拡張

本章8で見たように，アノマリーとは特定の理論・モデルでは説明できない例外的な価格形成であった。したがってCAPMの下でアノマリーと思われる現象が確認されたとしても，それは①前提としたCAPMが真のプライシングモデルではないか，あるいは②市場が非効率的で価格形成の歪み（ミスプライシング）が存在するという，2つの可能性を持つ。つまりCAPM以外のモデルを前提とすれば，CAPMの下ではアノマリーと思われた現象も観察されなくなるかもしれないのである。Fama and French[1993]は，代表的なアノマリーである小型株効果，バリュー株効果に対応する新たなリスクファクターを追加することによりCAPMを拡張することを試みた。そうして提案されたのがFama-French3ファクターモデルである。

■Fama-French 3ファクターモデル

Fama-French[1993]では，New York Stock Exchange（NYSE），American Stock Exchange（AMEX），NASDAQの3取引所に上場する企業について，NYSE上場企業の株式時価総額中央値を基準にして大型株（Big）と小型株（Small）を定義し，同じくNYSE上場企業の純資産株価倍率（Book-to-Market，B/M）の30，70パーセンタイルを基準として，バリュー株（High B/M），中間領域，グロース株（Low B/M）を定義した。結果として全銘柄は図3－9に示される6つの領域のどれかに属することになるので，領域ごとに加重平均株価指数を計算する。これがFama-French 6 Benchmark Portfoliosである。ここで小型株(S)と大型株(B)のリターンスプレッドとしてSmall-Minus-Big（SMB）ファクターを，バリュー株(H)とグロース株(L)のリターンスプレッドとしてHigh-Minus-Low（HML）ファクターを以下の(1)式により定義する。

図3-9　Fama-French 6 Benchmark Portfolios

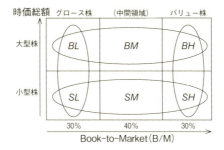

$$SMB_t = \frac{1}{3}(SH_t + SM_t + SL_t) - \frac{1}{3}(BH_t + BM_t + BL_t),$$

$$HML_t = \frac{1}{2}(SH_t + BH_t) - \frac{1}{2}(SL_t + BL_t) \qquad \cdots(1)$$

SMB_tは小型株効果を，HML_tはバリュー株効果を説明することを目的としたリスクファクターであり，これをCAPMに追加することにより，(2)式のFama-French3ファクターモデルを得る。

$$R_{jt} - R_{ft} = \beta_j^M (R_{Mt} - R_{ft}) + \beta_j^{SMB} SMB_t + \beta_j^{HML} HML_t + \varepsilon_{jt} \qquad \cdots(2)$$

■リスクファクターとしての解釈

　SMB，HMLファクターは，CAPMの下ではアノマリーと考えられた小型株効果，バリュー株効果を修正する目的で追加されたものであり，また単なるリターンスプレッドであって裁定価格理論（APT）において用いられるようなマクロ経済変数でもない。このためモデルが提案された当初からSMB，HMLをリスクファクターとみなせるかについては，市場効率性支持者と行動ファイナンス支持者との間でのディベートの対象であった。これに対するファーマらの主張は，①小型株の企業業績は景気循環の影響を大きく影響を受けるためSMBはビジネスサイクルに関連するリスクファクターである，②B/Mが高い状況は分母の時価総額が低下した状況であり，したがってHMLは財務的困窮（financial distress）に関係するリスクファクターであるというものである。

第4章 債券

1 債券価格と利回り

債券価格は，約束された債券キャッシュフローを適切な割引率で割り引いて集計した現在価値である。ある単一の割引率で全キャッシュフローを割り引いた結果が市場価格に一致するとき，そのような性質を持つ割引率を，債券の複利最終利回りと呼ぶ。債券価格の上昇（低下）は最終利回りの低下（上昇）を意味する。

債券とは，ある期間中の定期的な**クーポン**（利子）と，期間終了時の**額面**という，2種類のキャッシュフローの支払いを約束する有価証券である。クーポンは通常半年ごとに支払われる。クーポン支払額が固定されている債券は**固定利付債**，それが一定のルールで変動する債券は**変動利付債**と呼ばれる。固定利付債の場合，年間クーポン金額（例えば300万円）を額面（例えば1億円）で割った比率（この場合3％）を**クーポン・レート**（利率）と言う。クーポン・レートがゼロである債券は**割引債**と呼ばれる。期間終了時点を**満期**または償還期限と言い，発行から満期日までの期間は2，5，10，30年などが代表的である。発行者（発行体）が誰であるかによって，国債・地方債・社債・非居住者債などと区別され，それらの間には信用リスクや市場流動性の違いがある。

■現在価値としての債券価格

債券価格は，債券の各クーポンと額面をそれぞれ適切な割引率で割り引いて集計した**現在価値**として求められる。各キャッシュフローを割り引くにあたっては，それぞれの支払時点に対応するスポット・レートと呼ばれる金利（本章2参照）を用いる必要があり，それらは互いに異なった値をとるのが普通である。したがって，債券の全キャッシュフローを同じ割引率で割り引いて現在価値を求めることは，理論的には不適切な手続きということになる。

■最終利回り

しかし，仮にある単一の割引率を用いて特定の債券の全キャッシュフローを割り引けば，その結果が債券の市場価格に一致したとする。そのような性質を持つ割引率を，その債券の（複利）**最終利回り**，または**イールド**と呼ぶ。例えば，満期2年，クーポン・レート3％（年2回利払い），額面100円の債券の場合，キャッシュフローは0.5，1，1.5年後にそれぞれクーポン1.5円，2年後にはクーポンと額面を合わせて101.5円となる。この債券の価格がP円のとき，最

終利回りをyとすると，次のような関係が成り立つ。

$$\frac{1.5}{1+y/2} + \frac{1.5}{(1+y/2)^2} + \frac{1.5}{(1+y/2)^3} + \frac{101.5}{(1+y/2)^4} = P$$

ただし，ここで最終利回りは半年複利（年率の金利を2で割り，半年ごとに複利計算を繰り返す方式）で表現されている。例えばPが102.8円であれば，この方程式をyについて解いた結果1.572％が，この債券の最終利回りとなる。式の形から，Pの上昇（低下）はyの低下（上昇）を意味することがわかる。

■パー債券

より一般的に満期T年，クーポン・レートc，額面100円，価格Pとし，等比数列の和の公式を用いると，最終利回りyは次の方程式の解となる。

$$\frac{100c}{y}\left[1 - \frac{1}{(1+y/2)^{2T}}\right] + \frac{100}{(1+y/2)^{2T}} = P$$

この式において$y=c$と仮定すると，$P=100$となる。つまり，利回りがクーポン・レートに等しい債券の価格は額面（par value）に等しくなることがわかる。そのような債券を**パー債券**と呼ぶ。利回りがクーポン・レートを上回ると債券価格は額面を下回るが，そのような状態をアンダーパーと言い，逆の状態をオーバーパーと言う。

■利回りに関する留意点

海外では最終利回りはすべて複利で計算されるが，日本では（再投資の効果を無視した）「単利」が固定利付債について表示されている場合が多いので，注意が必要である。複利であっても，最終利回りは債券の相対的な魅力や満期までのリターンを知るための正確な尺度ではない。例えば，同一満期の債券の中で利回りの高いものに投資するほうが有利だという認識は必ずしも正しくない。また，ある利回りで購入して満期まで保有した債券が，当初の利回りに等しいリターンを必ず生み出すわけでもない。

第4章 債券

2 スポット・レートとフォワード・レート

> 割引債の最終利回りをスポット・レートと言う。固定利付債は割引債の集まりとみなせるため，各クーポン・額面の現在価値を求める際には，その支払時点に対応したスポット・レートを割引率として用いればよい。将来の適用が確約された金利をフォワード・レートと言うが，これもスポット・レートから導かれる。

一般に固定利付債は割引債の組み合わせによって合成でき，したがって固定利付債の価格はその構成要素である割引債の価格の合計に等しくなる。もしそうでなければ，**裁定取引**によってリスクなしに利益が得られるからである。

■割引債の集まりとしての固定利付債

本章1の例に使った満期2年の固定利付債の場合，投資家には0.5，1，1.5年後にそれぞれクーポン1.5円が支払われ，2年後にはクーポンと額面を合わせて101.5円が支払われるという形になっている。このような固定利付債を保有するということは，実は満期0.5，1，1.5年の割引債をそれぞれ額面1.5円，そして満期2年の割引債を額面101.5円保有することと同値である。後者のような4個の割引債のポートフォリオを持っていれば，前者の固定利付債と同一のキャッシュフローが得られるからである。

満期t年，額面100円の割引債の価格が$100 \times d(t)$円であるとき，$d(t)$をt年の**割引ファクター**と呼ぶ。例えば1年割引債の価格が99円のとき，1年の割引ファクターは$d(1) = 99/100 = 0.99$となる。つまり$d(t)$はt年後の確定キャッシュフロー1円の現在価値である。$t = 0.5, 1, 1.5, 2$について$d(t)$がわかっていれば，割引債のポートフォリオである2年固定利付債の価格Pは

$$1.5 \times d(0.5) + 1.5 \times d(1) + 1.5 \times d(1.5) + 101.5 \times d(2) = P$$

と表現することができる。$d(t)$は必ずしも直接観察できないが，このような関係式は様々な固定利付債について成立しているので，それらを連立方程式と見立て，多数の固定利付債価格から$d(t)$を推定する方法が広く使われている。

■スポット・レート

割引債の最終利回りを**スポット・レート**と呼ぶ。「t年のスポット・レートが$r(t)$である」とは，「満期t年の割引債の額面100円を$r(t)$で割り引いた結果が，割引債の市場価格$100 \times d(t)$に等しい」という意味である。すなわち，

$$\frac{100}{(1+r(t)/2)^{2t}} = 100 \times d(t) \quad \text{あるいは} \quad \frac{1}{(1+r(t)/2)^{2t}} = d(t)$$

2番目の式は，t年後に受け取る1円を割り引いて割引ファクター$d(t)$を求める際に用いる割引率がスポット・レート$r(t)$であることを表現している。言うまでもなく，$d(t)$と$r(t)$の間には1対1の対応関係がある。$d(t)$の代わりに$r(t)$を用いると，先の2年固定利付債の価格Pは

$$\frac{1.5}{1+r(0.5)/2} + \frac{1.5}{(1+r(1)/2)^2} + \frac{1.5}{(1+r(1.5)/2)^3} + \frac{101.5}{(1+r(2)/2)^4} = P$$

と書き直すことができる。すなわち固定利付債の価格は，各キャッシュフロー（クーポンと額面）をその支払時点に対応した適切な割引率$r(t)$で割り引いた現在価値として求めることができる。この式は最終利回りyを定義した式（本章1）に似ているが，各債券に特有のyではなく，支払時点に対応したスポット・レート$r(t)$が割引率となっている。

■フォワード・レート

将来時点において実行されるローン（フォワード・ローン）に適用が確約された金利を，**フォワード・レート**と呼ぶ。$t-0.5$年後に実行されt年後に返済される6ヶ月ローンについて現時点で確約される金利を$t-0.5$年フォワードの6ヶ月レートと呼び，$f(t)$と表記すると，次の関係が必ず成立する。

$$\left(1+\frac{r(t-0.5)}{2}\right)^{2t-1}\left(1+\frac{f(t)}{2}\right) = \left(1+\frac{r(t)}{2}\right)^{2t}$$

なぜなら，$t-0.5$年割引債の購入と6ヶ月フォワード・ローンを組み合わせた投資は，t年割引債の購入と同値だからである。このように，スポット・レートのデータがあれば，フォワード・レートを容易に求めることができる。詳細は省くが，逆にフォワード・レートのデータがあればスポット・レートを計算することもできる。

第4章 債券

3 イールドカーブ変動の性質

> イールドカーブ（利回り曲線）とは，満期と利回りの対応関係を表す概念である。イールドカーブの変動は，水準・傾き・曲率という3個のファクターによってほぼ完全に記述することができる。主成分分析の結果によると，水準ファクターが支配的影響を及ぼしており，次いで傾きファクターが重要である。

短期金利と長期金利の区別は広く知られているが，一般に債券の利回りは満期（残存年数）によって異なるのが普通である。**イールドカーブ**（利回り曲線）とは，そのような**満期と利回りの対応関係を表す概念**である。視覚的には，満期を横軸，利回りを縦軸にとってプロットしたグラフとなる。

ここで言う利回りは，個別債券の最終利回り，あるいはスポット・レートやフォワード・レートなどを指す。マクロ経済を論じる目的であれば，固定利付債利回りのプロットをイールドカーブとみなして構わないが，債券市場の実務や各種デリバティブのプライシングにおいては，より厳密な意味を持つ「スポット・イールドカーブ」や「フォワード・イールドカーブ」が必要となる。

■スポット・イールドカーブ

スポット・イールドカーブは，割引債の最終利回りであるスポット・レート $r(t)$（本章2）を，満期tの関数として表現したものである。図4－1ではFRBの推定による米国債スポット・イールドカーブのグラフが，2003年から2015年まで2年間隔で描かれており，典型的なカーブの形を見ることができる。

図4－1　米国債スポット・イールドカーブ

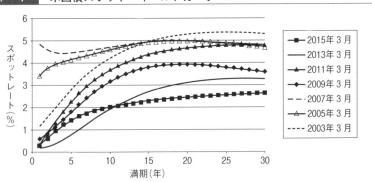

■イールドカーブの形状

　イールドカーブの形状は，①**水準**，②**傾き**，③**曲率**という3個の要素でおおまかに表現することができる。図4－1からも推測できるように，イールドカーブの形状は右上がり（傾きが正）であることが多い。ただし，金融引締め期には主に短期金利が上昇するため，右下がりになることもある。また，イールドカーブの形状は上に凸であることが多いが，その程度を表す尺度を曲率と言う。

　イールドカーブの形状は，将来の短期金利の動向に関する予想を反映する（**期待仮説**）だけでなく，債券によって異なる**リスク・プレミアム**も反映している。長期債は短期債よりも金利リスク（本章4）が大きく，要求されるリスク・プレミアムも大きくなるため，長期債利回りは短期債利回りを平均的に上回り，イールドカーブは右上がりになる。説明は省略するが，曲率の存在もまた理論的に説明可能である。

■イールドカーブ変動の性質

　イールドカーブの変動は，上記の水準・傾き・曲率という3個の構成要因がそれぞれどのように変動するかを見ることで理解することができる。「水準」の変動とは，イールドカーブの平行移動にほぼ対応するものである。イールドカーブ変動の実証分析は，主成分分析や因子分析などの手法を使って行われ，結果は国や時期によって多少異なるが，概ね次のような経験則が確認されている。まず，最も重要な変動要因（第1主成分）が**水準ファクター**であり，スポット・イールドカーブ全体の変動の80〜90％を説明する。2番目に重要な**傾きファクター**は，5〜15％程度の説明力を持つ。これら2個のファクターでイールドカーブ変動の95％前後，3番目の**曲率ファクター**を加えると98〜99％が説明できる。

　金融政策の影響を強く受ける比較的短期の金利を除くと，5，10，20年といったスポット・レート間の相関係数は非常に高い。様々な満期のスポット・レートを時系列でプロットしてみれば，日々の変動が概ね平行移動に近い（つまり水準ファクターの影響が大きい）ことがわかる。しかし，長期的に見れば傾きや曲率も確実に変動しており，その結果，図4－1にあるような多様なイールドカーブ形状が実現している。

■ 第4章 債券

4 債券の金利リスク

債券の金利リスクとは，金利変動がもたらす債券価格変動の大きさを指す概念であり，イールドカーブの性質や債券価格の金利感応度と密接に関連している。債券市場の実務では，イールドカーブの平行移動を想定し，債券価格の最終利回りに対する感応度を測る「修正デュレーション」という尺度が広く使われている。

債券の金利リスクを測るためには，イールドカーブが変化した時に債券価格がどの程度変化するかを調べればよい。そのような指標は債券価格の**金利感応度**と呼ばれ，①債券ポートフォリオのリスク管理，②債券投資パフォーマンスの予測，③債券投資の損益ボラティリティの推定，④金融機関や年金基金における資産負債管理（ALM），などに活用されている。

最も一般的に使われる金利感応度の定義では，金利変化のシナリオとして，イールドカーブの**平行移動**（全債券の利回りについて同一の変化幅）を想定する。厳密なリスク管理のためには，カーブの水準だけでなく傾きや曲率の変動を考慮することも必要だが，平行移動は直観的理解が容易であり，経験則とも概ね整合的であるため，このような想定が広く使われている。

■利回りの関数としての債券価格

スポット・イールドカーブが平行移動すると仮定すると，あらゆる債券の最終利回りもまた，ほぼ同一幅だけ上下することになる。したがって，スポット・イールドカーブ等を実際に上下シフトさせる代わりに，個別債券の利回りをすべて同じ幅だけ変化させ，それが債券価格に与える影響を見ればよいということになる。本来のロジックは，（本章1のように）債券の市場価格から最終利回りを計算する流れになっていたはずだが，ここでは逆に，債券価格を最終利回りyの関数$P(y)$とみなして議論する。

図4-2では，最終利回りを横軸にとり，4種類の固定利付債について債券価格$P(y)$のグラフが描かれている。クーポン・レートは3％，額面は100円，満期はそれぞれ2，5，10および30年である。グラフはすべて右下がりだが，その傾きは満期によってかなり異なっている。グラフの傾きは，債券価格の微分係数$dP(y)/dy$を表しており，金利感応度の一つの尺度と考えることができる。グラフの傾きは満期に大きく依存しており，満期が長くなるほど，金利感応度が高くなる傾向があるということがわかる。

■修正デュレーション

最終利回りの変化が債券価格に与えるインパクトを,債券価格の変化率(％変化)で表した尺度を,**修正デュレーション**(または単にデュレーション)と呼ぶ。最も広く使われている金利感応度の指標だが,これをD_{MOD}と表記すると,次のように定義される。

$$D_{MOD} = -\frac{1}{P(y)}\frac{dP(y)}{dy} \approx -\frac{P(y+\Delta y)-P(y)}{P(y)}\bigg/\Delta y$$

最後の部分($\approx$)は近似だが,直観的には次のような意味である。利回りがΔyだけ上昇した時,債券価格$P(y)$が何パーセント下落するかを計算し,これをΔyで割れば,金利変化1単位あたりの価格の感応度が求められる。

価格の変化幅$P(y+\Delta y)-P(y)$をΔPと簡略化し,上の式を書き換えると,債券価格の変化率$\Delta P/P$は,$-D_{MOD}$とΔyの積として表現される。

$$\frac{\Delta P}{P} \approx -D_{MOD} \times \Delta y$$

例えば,もしある10年債の修正デュレーションが8.8であれば,その利回りが1％上昇する($\Delta y = 0.01$)ことによって,価格は$8.8 \times 0.01 = 8.8$％下落すると推定できる。ただし,あくまで1次近似であることに留意する必要がある。

図4-2　利回りの関数としての債券価格

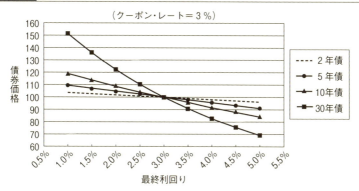

第4章 債券

5 金利期間構造モデル

> 金利の期間構造モデルとは，イールドカーブの変動を少数の確率的要因によって表現するための理論モデルである。確率的要因が1個であるようなケースはスポット・レート・モデルと呼ばれる。期間構造モデルは，金利デリバティブの価格評価やリスク管理を行うために必須のツールとなっている。

　金利の**期間構造モデル**とは，「確率的に変動する少数の要因（ファクター）によってイールドカーブ全体の変動を表現する」ことを目的とした理論モデルである。様々な種類があるが，最も単純な**シングル・ファクター・モデル**（1ファクター・モデル）においては，イールドカーブの**水準**が唯一の変動要因として想定されている。3ファクター・モデルの場合，各ファクターはイールドカーブの水準に加えて**傾き・曲率**を表すものと解釈することができる。ファクターの数を増やすと現実との距離は縮まるが，モデルが複雑化して使いにくくなり，計算負荷も増大するため，目的に応じたモデル選択が必要となる。

■期間構造モデル構築の目的

　金利期間構造モデルの主な用途は，債券・金利デリバティブ（債券オプション，スワップション，キャップ・フロア等）のプライシングである。出発点となる現時点のイールドカーブを忠実に再現するように各種パラメタを設定したモデルに基づき，将来のイールドカーブの様々なシナリオが生成される。モデルの内部では各種債券価格の間に整合性が保たれ，無リスク裁定機会が排除されているため，そのようなモデルを**無裁定期間構造モデル**と呼ぶ。

　遠い将来ほど価格の不確実性が拡大する株式と異なり，債券価格の不確実性は当初拡大するものの，満期が近づくにつれて減少に転じ，最終的に価格は額面に収束する。原資産価格の性質がこのように異なっているほか，（シナリオごとに金利の経路が異なるため）割引率を一定と仮定できないという点も，株式オプションとの重要な違いである。期間構造モデルを用いることによって，このような問題を克服することが可能になる。

■シングル・ファクター・モデル

シングル・ファクター・モデルにおいては，短期金利の動きに伴ってイールドカーブ全体が変動するという仕組みになっている。そのため，**スポット・レート・モデル**とも呼ばれる。一定の条件の下では，短期金利の**二項ツリー**（上昇・下落という分岐の繰り返し）を構築し，時間を細分化することによって，連続時間のスポット・レート・モデルを近似することもできる。

図4-3では，6ヶ月ごとに6ヶ月スポット・レートが上昇または下落するという，非常に単純化された二項ツリーが例示されている。現在の6ヶ月レートは5％，1年レートは5.15％（いずれも半年複利）だが，6ヶ月レートは半年後には4％または6％のいずれかの値をとり，さらに半年後には3％，5％，7％のいずれかの値をとる。このように金利の不確実性は時間の経過と共に増大していくが，債券価格の不確実性は一方的に増大していくわけではない。1年割引債の半年後の価格はその時点の6ヶ月金利に依存して変化するが，1年後の価格は必ず額面（100円）に収束する。

ここで詳細に説明する紙幅はないが，この二項ツリーを多期間化すれば，同じ二項ツリーに沿って，より長期の割引債についても価格の経路を求めることができる。このようなツリーを構築し，オプション価格理論のロジックを適用すれば，「この割引債を半年後に97.5円で購入する権利（コールオプション）にどれだけの価値があるか」という類いの問いに答えることができる。

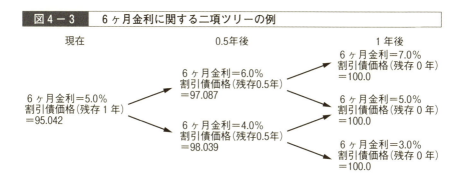

図4-3　6ヶ月金利に関する二項ツリーの例

6 信用リスクと社債スプレッド

第4章 債券

> 企業が発行する社債は，支払利息や満期日における額面償還が確実でないという意味で信用リスクがある。社債の信用リスクは同じ満期の国債の利回りと社債の利回り格差によって測ることができる。Merton(1974)による社債スプレッドモデルを用いると，スプレッドの期間構造やそれに影響を与える要因について知ることができる。

社債（融資）のクーポンや元本の支払いは信用リスクにさらされている。社債の信用リスクは，任意の，通常残存期間10年の社債と国債の最終利回りの差である「社債スプレッド」によって計測をするのが実務における慣行である。しかしこうした簡便法は2つの問題を抱えている。第1の問題点は，社債の流動性リスクが社債スプレッドの一部に反映されているため，社債スプレッドが純粋に信用リスクを示していると考えることには無理がある。第2の問題点は，社債の信用リスクの「期間構造」を考慮していない点である。満期が長い債券ほど信用リスクは高くなると考えるのが自然であるので，社債スプレッドが残存期間にかかわらず一定であると仮定することは不自然である。

これら2つの問題点を解決するには，流動性リスクと信用リスクの2つのファクターを考慮した社債の価格決定モデル考え，異なる残存期間別の社債利回り構造を推定し，社債スプレッドを計測する必要がある。

■マートンモデル

ここでは，いわゆるMerton(1974)による社債の構造モデルを用いて社債スプレッドがどのように表現できるかを考えてみよう。議論を簡単にするために，残存期間T期間の割引社債を考える（クーポン債は割引債のポートフォリオとみなすことができることに注意）。社債の投資家は，T期間後の企業資産価値A_Tが割引社債の額面D_T以上であれば，額面D_T円の償還が保証されるが，もしそれ以下であれば，その時に存在する資産額しか支払われない。こうした点は図4-4の実線で示されている。

したがって，こうした社債の満期時のペイオフは$\tilde{B}_T = \mathrm{Min}[\tilde{A}_T, D_T] = D_T - \mathrm{Max}[D_T - \tilde{A}_T, 0]$と表すことができる。この期待現在価値として社債の価格を求め，その結果を利回り格差として解くと，社債スプレッドは次のようになる。

図4−4 信用リスクの下にある割引社債の満期時の価値

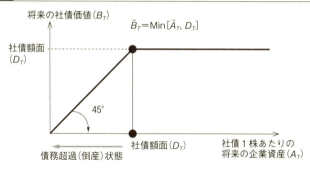

$$r_B - r_f = \frac{-\ln K}{T}$$

ここで，r_fは国債の利回りを，r_Bは社債利回りを示す。Kはゼロと1の間の値をとるのでその対数をとったものは必ずマイナスになる。またKは信用リスクのない同じ残存期間Tの割引国債価値に対して，信用リスクのある割引社債価値がどのくらいの割合であるかを示している。その意味でKは確実性等価係数と解釈できる。

定数Kは，現在の企業資産価値A_0，その変化率のボラティリティσ_A，残存期間T，社債額面D_Tなどの関数である。例えば，社債スプレッドは資産のボラティリティが増加するスプレッドは上昇する。また企業の時価で評価した負債比率が増加することによってもスプレッドは増加することが確かめられている。これに対し，社債スプレッドは，現在時点の企業価値A_0やリスクフリーレート増加すると減少する。

この式の右辺の分子と分母は残存期間Tの関数であり，残存期間Tを変化させることにより社債スプレッドの期間構造を表現できる。また，残存期間が増加すれば，多く場合，スプレッドは増加することを確かめることができる。また，企業価値のボラティリティが増加すると社債スプレッドが上昇することも示すことができる。

こうした点は，日本の社債の発行市場（大山・本郷[2010]）や流通市場（大山・杉本[2007]）を対象にした実証研究によっても確かめられている。

第4章 債券

7 信用リスクの構造モデル

信用リスクの構造モデルとは，なぜ信用リスクが発生するかを，有限責任制度のもとにある株式会社の債務超過問題に求めるアプローチである。将来の企業資産価値が負債価値以上となる時に株価がプラスになる。つまり，株式は企業資産を原資産とし，負債額面を行使価格とするコールオプションとみなせる。

■誘導型アプローチと構造アプローチ

信用リスクのモデリングには，大きく分けて，2つの接近方法がある。1つは「誘導型アプローチ」であり，他の1つが「構造アプローチ」である。誘導型アプローチは信用リスクを，格付けや信用スプレッド，あるいはデフォルトしたかどうかで表現し，デフォルトがなぜ生じたかを問う事なく，信用リスクのある資産評価を行う。これに対し，構造アプローチは，デフォルトが債務超過によって生じるという観点から出発して資産や証券の価格を決定する。有限責任制度に基づく株式会社制度を念頭におき，信用リスクがどのように推定できるかを示す。

■コールオプションとしての株式

株主にとっての損失は出資分に限られている。また，株主は企業利益や企業資産に対する請求権を保有しているが，債権者のそれに劣後している。つまり株主は将来時点Tの企業資産$\tilde{A}_T$が債券の額面価値D_T以上になっていれば，その超過部分$\tilde{E}_T$を株式価値として受け取ることができる。こうしたことは図4－5によっても説明できる。

図4－5　信用リスクの下にある将来時点の株式価値

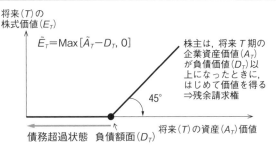

将来(T)の株式価値(E_T)

$\tilde{E}_T = \text{Max}[\tilde{A}_T - D_T, 0]$

株主は，将来T期の企業資産価値(A_T)が負債価値(D_T)以上になったときに，はじめて価値を得る
⇒残余請求権

45°

債務超過状態　負債額面(D_T)

将来(T)の資産(A_T)価値

数式でこの点を示せば$E_T = \text{Max}[A_T - D_T, 0]$となる。図における折れ線は将来$T$時点の企業資産$A_T$を原資産とし，行使価格$D_T$を負債額面とするコールオプションの買いポジションからの損益を示している。つまり株主は企業からコールオプションを買っている。その現在時点の価値がコールオプション料としての株価となっている。言い換えるならば，コールオプションとしての株価と，適切なコールオプション価格決定モデルを用いれば，この企業が債務超過になる確率，つまりデフォルト確率を推定することができる。

株式が企業資産に対するコールオプションであるので，株価は原資産たる企業資産価値のボラティリティが増加することによって上昇する。したがって，株主は企業がリスクの高い設備投資を行うことを好む。これに対し，債権者が得られるキャッシュフローは出資（額面）分に限られるので，資産ボラティリティを高めるような投資は好まない。ここにエージェンシー問題が発生する主な原因がある。

■株価からデフォルト確率を推定するために何が必要か？

ではこの場合の適切なコールオプション価格決定モデルはいかなるものであろうか？　まず思い起こすのがブラック＝ショールズ（BS）モデルであるが，その適用はこの場合困難である。なぜなら，BSモデルは，原資産とオプションの両方が市場で活発に取引されていることにより，その両者から成るポートフォリオのリスクを常にゼロにすることができることを仮定して導かれているからである。コールオプションとしての株式の流動性は，上場企業であれば高いと言えるが，原資産たる企業資産価値の推定は極めて困難であり，そのボラティリティに至ってはほとんど観察できない。したがって，通常の株式オプションの場合と異なり，未知の変数は，企業資産価値とそのボラティリティの2つになる。また，無リスクヘッジポートフォリオ作成することができないことから，企業資産の期待成長率はリスクフリーレートであると仮定することができない。したがって，これら3つのものが未知であるときの債務超過確率の推定が必要になる（こうした困難な問題に対する解決策については森平[2009]第6章を参照のこと）。

第5章 アセットプライシング

1 完備市場と不完備市場

完備市場とは，将来実現しうる世の中の数と，1次独立な収益をもつ証券の数が等しい市場のことであり，不完備市場は後者が前者より少ない市場である。市場に裁定機会が存在しないことの必要十分条件は状態価格ベクトルが存在することであるが，このベクトルが一意に定まる市場が完備市場，一意でない市場が不完備市場である。

　将来実現しうる世の中の状態がS通りある1期間モデルを考え，状態を$s\in\{1,\cdots,S\}$で表そう。いま，市場で売買されている証券のポートフォリオによって，特定の状態sが実現したとき，そのときに限り1円を支払う証券を作り出すことができるとき，状態sは保険可能であるという。その証券を（状態sに対する）**状態証券**，あるいは**アロウ＝ドゥブルー証券**（Arrow-Debreu security），その価格を**状態価格**と呼ぶ。すべての状態が保険可能で状態証券が存在し，状態価格ベクトルが一意に決まる市場を**完備市場**（complete market），存在するが一意には定まらない市場を**不完備市場**（incomplete market）と定義する。詳細は池田（［2000］122-125頁）に譲るが，市場が完備であるための必要十分条件は，1次独立な収益を生む証券数が将来の世の中の状態数に等しいことである。前者が後者より少ない市場が不完備市場である。

　一般に，元手なしで現在あるいは将来に利益を得る確率が正であるような取引戦略のことを**裁定機会**と呼ぶ。Ross［1977］は，資産市場に裁定機会が存在しないことの必要十分条件は，状態価格ベクトルが（一意でない場合も含め）存在することを明らかにしたが，この命題を，その重要性に鑑み，**ファイナンスの基本定理**（Fundamental Theorem of Finance）と呼ぶ。以下で，この定理の証明の概略を説明しよう。

　J種類の証券の現在価格の列ベクトルを$v=[v_1\cdots v_j\cdots v_J]'$，その将来の状態$s\in\{1,\cdots,S\}$における収益$Z_{sj}$で定まる$(S\times J)$行列を$Z=[(Z_{sj})]$，各証券の保有枚数を表すベクトルを$a=[a_1\cdots a_j\cdots a_J]'$，としよう。**第1種の裁定機会**とは，現在時点の非正の投資が，将来に非負の収益をもたらし，かつ正の収益をもたらす状態が少なくとも1つは存在する投資機会であり，$v'a\leq 0$かつ$Za>0$を満たすaのことである。（ベクトルの不等式は，$>$は左のベクトルの要素が右の対応する要素より大きいか等しく，かつ，1つ以上は厳密に大きいことを表す。すべての要素が大きいときは$\gg$，すべての要素が等しい場合も含む時は$\geq$を用いる。）**第2種の裁定機会（強い裁定機会）**とは，現在時点における負の投資

が将来に非負の収益をもたらす投資方法であり，$v'a<0$ かつ $Za≥0$ を満たす a のことである。2つの裁定機会は独立ではないが，両者の和集合は，簡潔に $\begin{bmatrix} -v' \\ \cdots \\ Z \end{bmatrix} a > 0$ を満たす a として表現できる。

ここで，**スティムケの補助定理**（Stiemke's lemma），すなわち，「方程式 $Bx=0$ が $x \gg 0$ となる解をもつことの必要十分条件は，$B'y>0$ となる y が存在しないこと」を利用する。$B=[-v \vdots Z']$，$x=\varphi^* = [\varphi_1^* \cdots \varphi_{S+1}^*]$，および $y=a$ とおいて，この補助定理を書きなおすと

$$[-v \vdots Z']\varphi^* = 0 \text{ が } \varphi^* \gg 0 \text{ となる解をもつ} \Leftrightarrow \begin{bmatrix} -v' \\ \cdots \\ Z \end{bmatrix} a > 0 \text{ となる解 } a \text{ をもたない}$$

であり，右側の命題は裁定機会が存在しないことを意味している。左側の命題は，φ^* の第2要素以降を第1要素 φ_1^* で除して基準化した S 次元ベクトル φ を用いて

$$\varphi^* = \varphi_1^* \begin{bmatrix} 1 \\ \cdots \\ \varphi \end{bmatrix} \text{ とおくと，} [-v \vdots Z']\varphi^* = 0 \Leftrightarrow [-v \vdots Z']\varphi_1^* \begin{bmatrix} 1 \\ \cdots \\ \varphi \end{bmatrix} = 0 \Leftrightarrow v = Z'\varphi$$

となるので，

$v = Z'\varphi$ が $\varphi \gg 0$ となる解をもつ $\Leftrightarrow$ 証券市場に裁定機会が存在しない

という，ファイナンスの基本定理を証明できる。

ここで φ は，将来収益 Z を現在価格 v に対応させる，状態価格ベクトルと解することができるが，これが一意に存在する場合が完備市場である。

第5章 アセットプライシング

2 リスク中立確率

> 将来のひとつの世の中の状態価格を，すべての状態価格の和で除した値を，その状態のリスク中立確率と呼ぶ。リスク中立確率で将来収益の期待値を求めると，確実性等価になる特徴がある。市場に裁定機会が存在しないことの必要十分条件は，すべての状態のリスク中立確率が存在することであり，一意に存在する市場が完備市場である。

裁定機会が存在しない市場では，各状態ごとに正数で与えられる状態価格 φ_s ($s \in \{1, \cdots, S\}$) が存在し，将来収益を状態価格によって現在価格に対応させることができた。この対応関係を人工的な確率の概念で表現したものが**リスク中立確率**（risk neutral probability）である。以下では，完備市場を特殊ケースとして含む，不完備市場で説明しよう。

不完備市場では状態価格ベクトルは存在するが，一意には定まらない。いま，任意に1つのベクトル $\boldsymbol{\varphi}^k = [\varphi^k_1 \cdots \varphi^k_s \cdots \varphi^k_S]$ を選び，総和が1になるように基準化し，第s ($\in \{1, \cdots, S\}$) 状態価格を $\Pi^k_s = \varphi^k_s / \left(\sum_{s=1}^{S} \varphi^k_s \right)$ と加工する。右辺の分母は，すべての状態証券を1枚ずつ保有する状況を表すから，将来確実に1円になるポートフォリオの価値と解釈できる。状態価格が一意に定まらなくても，市場に無リスク資産が存在すれば，グロス・レート表示の無リスク利子率R_fの逆数にこのポートフォリオの価値は等しくなり，$\Pi^k_s = R_f \varphi^k_s$ と表すことができる。

$\Pi^k = [\Pi^k_1 \cdots \Pi^k_s \cdots \Pi^k_S]'$ は，すべての基準化された状態価格をベクトル表示したものであるが，Π^k の各要素はすべて正値であり，各状態に対して0と1の間の実数を割り振り，かつ，それらの総和が1になっているので，確率の性質を満たしている。さらに，後述する理由から，Π^k は**リスク中立確率**と呼ばれている。

この人工的な確率は，状態価格を基準化したものであって，両者は基本的に同じ概念である。したがって，**ファイナンスの基本定理**は，市場に裁定機会が存在しないことの必要十分条件がリスク中立確率が存在することであり，その存在が一意である市場が完備市場である，と言い換えることができる。

さて，将来収益が ($S \times J$) 行列 $Z = [(Z_{sj})]$ で表される，J種類の証券の現在価格を $v = [v_1 \cdots v_j \cdots v_J]'$ としよう。v は，状態価格ベクトル $\boldsymbol{\varphi}^k = [\varphi^k_1 \cdots \varphi^k_s \cdots \varphi^k_S]'$ を用いると，$v = Z' \boldsymbol{\varphi}^k$ と表現できる。$\boldsymbol{\varphi}^k = \Pi^k / R_f$ の関係をこの式へ代入すると，

$$v = Z'\varphi^k = \frac{Z'\Pi^k}{R_f} = \frac{1}{R_f}\left[\sum_{s=1}^{S} Z_{s1}\Pi^k_s \cdots \sum_{s=1}^{S} Z_{sJ}\Pi^k_s\right]' = \frac{1}{R_f}\hat{E}^k[\tilde{Z}]$$

が成立する。上式最右辺において $\tilde{Z} \equiv [\tilde{Z}_1 \cdots \tilde{Z}_J]'$ であり，これは J 種類のリスク資産の将来収益を表す確率変数ベクトルである。また，期待値記号に上付きの添え字 k とハット（＾）が付いているが，ハットは現実の確率ではなくリスク中立確率による期待値であることを，添え字 k は不完備市場ではリスク中立確率が一意的には定まらず，その中から1つの確率の組を選択したことを強調したものである。

さて，説明の便宜上，完備市場で考えると，添え字 k が不要になるので，

$$v = Z'\varphi = \frac{1}{R_f}\hat{E}[\tilde{Z}]$$

となる。リスク中立確率によって将来収益の期待値を求め，それを無リスク利子率で除せば現在価格になるから，リスク中立確率は将来の不確実な収益について，その**確実性等価**（certainty equivalent）を求める役割を果たす。仮に，投資家がリスク中立的な効用関数をもつという虚構の経済（リスク中立経済）を考えると，投資家は不確実な収益に対してリスク・プレミアムを要求しないので，そこでは物理的な確率で計算した期待収益が確実性等価に等しくなる。リスク資産の価格は，確実性等価を無リスク利子率で割り引いた値に定まるので，

$$v = \frac{1}{R_f}E[\tilde{Z}]$$

が成立し，リスク中立経済では期待値記号にハットが不要になる。現実のリスク回避的経済において，人工的に構築したリスク中立確率を用いた評価式と，リスク中立経済という虚構の物理的確率を用いた評価式が同じ形をしているため，ハット付きの期待値計算に用いる確率を，リスク中立確率と呼ぶのである。

第5章 アセットプライシング

3 代表的経済主体とプライシング・カーネル

> 裁定機会が存在しない市場において，金融資産の将来収益に正値確率変数を乗じた確率変数の期待値が現在価格になるとき，この正値確率変数をプライシング・カーネルと呼ぶ。資産価格理論は，その関数形を特定する役割を果たすものである。パレート最適な市場では，それは代表的経済主体の異時点間限界代替率で与えられる。

1期間モデルにおいて，期末に確率的な収益$\tilde{Z}_j$をもたらす資産jを考え，その期初における価格をv_jとしよう。資産市場に裁定機会が存在しないならば，$\tilde{Z}_j$をv_jに対応させる正値確率変数$\tilde{m}$が存在し，さらにそれが一意に定まるならば

$$v_j = E[\tilde{m}\tilde{Z}_j]$$

の関係が成立する。この命題は**ファイナンスの基本定理**の別表現であるが，両辺を現在価格v_jで除すと，元本込みのグロス表示投資収益率$\tilde{R}_j = \tilde{Z}_j/v_j$が，

$$1 = E[\tilde{m}\tilde{R}_j]$$

の関係を満たすことを意味する。$\tilde{m}$が一意に定まるか，また，どのような関数形を持つかは資産収益の確率分布，投資家の効用関数を含め，資産市場の構造に依存し，その具体的な関数形を定めるのが資産価格理論の役割である。一般に，上式を満たす正値確率変数を**プライシング・カーネル**（pricing kernel：PK），あるいは**確率的割引因子**（stochastic discount factor）と呼ぶ。2つの確率変数の積の期待値は，共分散と各変数の期待値の積の和として表現できるので，上式は，

$$E[\tilde{R}_j] = (1/E[\tilde{m}]) - (\text{Cov}[\tilde{m}, \tilde{R}_j]/E[\tilde{m}])$$

と変形できる。第1項はすべての資産に共通する要因であり，無リスク利子率に等しくなる。第2項はPKと資産jの将来収益の相関に依存し，リスク・プレミアムを与えるが，その結果，当該リスク資産の期待収益率が定まることがわかる。

いま，市場における平均的消費者を選び，期初時点0と期末時点1に，計2回消費を計画するとして，消費と投資の意思決定を考える。時点0での初期富をW_0，労働所得をY_0，消費をC_0とし，投資可能資金$W_0 + Y_0 - C_0$を，全部でJ種類のリスク資産で運用するとしよう。無リスク資産は消費者間の貸借で供給

され総供給量をゼロとし，その結果，平均的消費者は安全資産を需要しないと仮定する。平均的消費者は，各リスク資産へ$\omega_j, j\in\{1, \cdots, J\}$ の投資比率で投資するので，ポートフォリオの投資収益率は$\tilde{R}_p = \sum_{j=1}^{J}\omega_j\tilde{R}_j$と表現できる。期末には，新たな労働所得$\tilde{Y}_1$と投資成果のすべてを消費するので，予算制約式は，

$$\tilde{C}_1 = \tilde{Y}_1 + (W_0 + Y_0 - C_0)\tilde{R}_p = \tilde{Y}_1 + (W_0 + Y_0 - C_0)\left(\sum_{j=1}^{J}\omega_j\tilde{R}_j\right)$$

となる。消費者の生涯効用が$U(C_0, \tilde{C}_1) = u_0(C_0) + E[u_1(\tilde{C}_1)]$ という時間分離型の期待効用関数で表現されると仮定して，$\{C_0, \omega_j\}$に関する最適化問題を解くと，

$$E[u_1{'}(\tilde{C}_1)(1+\tilde{R}_j)] = u_0{'}(C_0) \Leftrightarrow 1 = E[\{u_1{'}(\tilde{C}_1)/u_0{'}(C_0)\}(1+\tilde{R}_j)], \forall j$$

が1階条件として得られる。u_0, u_1は，それぞれ第0期，第1期の消費に対する効用関数であった。この結果をPKの定義式と見比べると，

$$\tilde{m} \equiv u_1{'}(\tilde{C}_1)/u_0{'}(C_0)$$

ゆえ，PKは平均的消費者の**異時点間限界代替率**（inter-temporal marginal rate of substitution：IMRS）になっている。IMRSの分子，分母とも限界効用ゆえ正値であるから，$\tilde{m}$は正値確率変数である。以上の結果は多期間モデルでも成立し，T期間モデルであれば，現在時点を添え字$t(\in\{0, \cdots, T-1\})$，その1期間後の将来時点を$t+1$，時点tにおける情報のもとでの条件付期待値を$E_t[\cdot]$と記述すればよい。

　上述した，市場価格を定める平均的消費者を，**代表的経済主体**（Representative Agent）と呼ぶ。完備市場のように，消費の配分がパレート最適な市場では，代表的経済主体の効用関数が各経済主体の効用関数の線形結合で表現されることを示したのはNegishi(1960) である。詳細は池田（[2000] 246-255頁）に譲るが，この仮想的な経済主体は，毎期，経済で産出される財のすべてを消費して期待効用最大化を行う。なお，不完備市場であっても，各消費者の効用関数に強い制約を加えると，消費の配分がパレート最適になり，代表的経済主体を想定できることが知られている。

■第5章 アセットプライシング

4 プライシング・カーネルとCAPM

> 標準的な資本資産価格モデル（CAPM）が成立するためには，資産収益が正規分布に従うこと，あるいは，代表的経済主体の効用関数がリスク回避的な2次効用であることが十分条件として広く知られている。プライシング・カーネルをこの2つの条件によって特徴づけることによって，CAPMの評価式を導出することができる。

リスク資産$j \in \{1, \cdots, J\}$のグロス表示の投資収益率を$\tilde{R}_j$と表すとき，プライシング・カーネル$\tilde{m}$の定義から，

$$1 = E[\tilde{m}\tilde{R}_j] \Leftrightarrow E[\tilde{R}_j] = \frac{1}{E[\tilde{m}]} - \frac{\mathrm{Cov}[\tilde{m}, \tilde{R}_j]}{E[\tilde{m}]}$$

が成立する。グロス表示の無リスク利子率をR_fとすると，1円を無リスク資産へ投資したときの将来収益はR_f円であるから，$1 = E[\tilde{m}R_f] \Leftrightarrow R_f = 1/(E[\tilde{m}])$が成立する。これを上式へ代入，整理すると，

$$E[\tilde{R}_j] = R_f - R_f \mathrm{Cov}[\tilde{m}, \tilde{R}_j]$$

となる。右辺第2項が，資産jのリスク・プレミアムを表している。

資本資産価格モデル（CAPM）では，プライシング・カーネルは市場ポートフォリオの投資収益率$\tilde{R}_M$に依存して決定されると考え，関数$\tilde{m} = g(\tilde{R}_M)$で表現できると仮定する。このとき，資産$j$の期待収益率は次式[(#)]で与えられる。

$$E[\tilde{R}_j] = R_f - R_f \mathrm{Cov}[g(\tilde{R}_M), \tilde{R}_j] \qquad \cdots [(\#)]$$

標準的なCAPMが成立するための十分条件として，2つの条件が知られており，第1の十分条件は，資産jと市場ポートフォリオの投資収益率が，2変量正規分布に従うことである。このとき，**Steinの補助定理**（Stein's Lemma）が適用できるので，共分散は，$\mathrm{Cov}[g(\tilde{R}_M), \tilde{R}_j] = E[g'(\tilde{R}_M)]\mathrm{Cov}[\tilde{R}_M, \tilde{R}_j]$と表現できる。（証明は池田（[2000] 166頁）を見よ。）この結果を(#)式へ代入して

$$E[\tilde{R}_j] - R_f = -R_f E[g'(\tilde{R}_M)] \mathrm{Cov}[\tilde{R}_M, \tilde{R}_j]$$

を得る。同式は市場ポートフォリオについても成立するので，

$$E[\tilde{R}_M] - R_f = -R_f E[g'(\tilde{R}_M)] \mathrm{Cov}[\tilde{R}_M, \tilde{R}_M] = -R_f E[g'(\tilde{R}_M)] \mathrm{Var}[\tilde{R}_M]$$

となる。上の2本の式を辺々，割り算すると

$$\frac{E[\tilde{R}_j]-R_f}{E[\tilde{R}_M]-R_f}=\frac{\mathrm{Cov}[\tilde{R}_M,\tilde{R}_j]}{\mathrm{Var}[\tilde{R}_M]}\Leftrightarrow E[\tilde{R}_j]-R_f=\beta_j(E[\tilde{R}_M]-R_f),\ \beta_j\equiv\frac{\mathrm{Cov}[\tilde{R}_M,\tilde{R}_j]}{\mathrm{Var}[\tilde{R}_M]}$$

を得るが,これはCAPMの評価式に他ならない。

　第2の十分条件は,代表的経済主体が存在し,リスク回避的な2次効用関数 $u(x)=-x^2+2ax,\ 0<x<a$ をもつことである。代表的経済主体の効用の対象は経済全体の消費,すなわち総消費であるが,1期間モデルでは期末の総消費 $\tilde{C}_{M,1}$ は同時点の富の総額 $\tilde{W}_{M,1}$ に等しくなるので,期初の富の総額を $W_{M,0}$,その成長率を $\tilde{R}_M$ とおけば,$\tilde{C}_{M,1}=\tilde{W}_{M,1}=W_{M,0}\tilde{R}_M$ が成立する。$\tilde{R}_M$ は世の中の富の総額の成長率ゆえ,市場ポートフォリオの投資収益率に一致する。代表的経済主体が存在するときのプライシング・カーネルはその異時点間限界代替率になるので,

$$\tilde{m}=\frac{u'(\tilde{C}_{M,1})}{u'(C_{M,0})}=\frac{a-W_{M,0}\tilde{R}_M}{a-C_{M,0}}=A+B\tilde{R}_M,\ A\equiv\frac{a}{a-C_{M,0}},\ B\equiv-\frac{W_{M,0}}{a-C_{M,0}}<0$$

となり,市場ポートフォリオ収益率の1次関数になる。このとき,(#)式の共分散は,$\mathrm{Cov}[g(\tilde{R}_M),\tilde{R}_j]=\mathrm{Cov}[A+B\tilde{R}_M,\tilde{R}_j]=B\mathrm{Cov}[\tilde{R}_M,\tilde{R}_j]$ と表現できるので,

$$E[\tilde{R}_j]-R_f=-R_fB\mathrm{Cov}[\tilde{R}_M,\tilde{R}_j]$$

がリスク資産 j について成立する。同様に,市場ポートフォリオについても,

$$E[\tilde{R}_M]-R_f=-R_fB\mathrm{Var}[\tilde{R}_M]$$

が成立するから,辺々,割り算して,

$$\frac{E[\tilde{R}_j]-R_f}{E[\tilde{R}_M]-R_f}=\frac{\mathrm{Cov}[\tilde{R}_M,\tilde{R}_j]}{\mathrm{Var}[\tilde{R}_M]}\Leftrightarrow E[\tilde{R}_j]-R_f=\beta_j(E[\tilde{R}_M]-R_f),\ \beta_j\equiv\frac{\mathrm{Cov}[\tilde{R}_M,\tilde{R}_j]}{\mathrm{Var}[\tilde{R}_M]}$$

を導くことができる。

　このように,プライシング・カーネルを市場ポートフォリオを用いて特徴づけることによって,CAPMの評価式を導くことができるのである。

第5章 アセットプライシング

5 ファクター・モデルと裁定価格理論

> 金融資産の投資収益率が複数のマクロ経済要因（ファクター）の予期せぬ変動と，資産固有の変動の線形関数として表されるというモデルをマルチ・ファクター・モデルと呼ぶ。裁定価格理論は，各ファクターの変動に対して，市場が正あるいは負のリスク・プレミアムを支払う場合には，それらの線形結合として期待収益率が形成されることを明らかにする理論である。

資産 $j \in \{1, \cdots, J\}$ のグロス表示の投資収益率 $\tilde{R}_j$ が，K 個の因子（ファクター），すなわち，マクロ経済変数の予期せぬ変動 $\{\tilde{f}_1, \tilde{f}_2, \cdots, \tilde{f}_K\}$ と，資産 j の**固有リスク**すなわち当該資産，あるいは企業の固有の事情で変動する部分 $\tilde{\varepsilon}_j$ によって，

$$\tilde{R}_j = a_j + \sum_{k=1}^{K} b_{j,k} \tilde{f}_k + \tilde{\varepsilon}_j$$

ただし，$E[\tilde{\varepsilon}_j] = E[\tilde{f}_k] = 0, E[\tilde{\varepsilon}_j \tilde{f}_k] = 0, E[\tilde{\varepsilon}_i \tilde{\varepsilon}_j] = 0 \quad i \neq j, k \in \{1, \cdots, K\}$
として，線形構造をもつとするモデルを，**マルチファクター・モデル**と呼ぶ。ファクターと固有リスクの間には無相関が仮定されるが，複数のファクターは，互いに正あるいは負の相関をもつことも許す。係数 $\{b_{j,1}, b_{j,2}, \cdots, b_{j,K}\}$ は，資産 j を特徴付ける母数であり，**因子負荷**，あるいは，**ファクター・ベータ**と呼ばれる。

マルチファクター・モデルを前提に，市場に裁定機会が存在しないとき，リスク資産の期待収益率がどのように定まるかを明らかにするのが Ross[1976]の**裁定価格理論**（Arbitrage Pricing Theory：APT）である。以下では，市場に裁定機会が存在しないとき，プライシング・カーネル(PK)が存在することを明示的に利用した，Poon and Stapleton[2005] の方法で2つの十分条件のもとでAPTを導出する。

第1の十分条件は，資産に固有リスクが存在しないことである。個別の資産ではそのような仮定は不適切であるから，十分に多くの資産へ分散投資した，**十分に分散化されたポートフォリオ**（well diversified portfolio）を想定すると，固有リスクが消失しているので，

$$\tilde{R}_p = a_p + \sum_{k=1}^{K} b_{p,k} \tilde{f}_k$$

となる。無リスク資産が存在すると仮定した，PKを用いた期待収益率の評価式は $E[\tilde{R}_j] = R_f - R_f \mathrm{Cov}[\tilde{m}, \tilde{R}_j]$ であったから，ここへ $\tilde{R}_j = \tilde{R}_p$ とおいて上式を代入すると，容易に

$$E[\tilde{R}_p] = R_f - R_f \sum_{k=1}^{K} b_{p,k} \mathrm{Cov}[\tilde{m}, \tilde{f}_k] = R_f + \sum_{k=1}^{K} b_{p,k} \lambda_k, \ \lambda_k \equiv -R_f \sum_{k=1}^{K} \mathrm{Cov}[\tilde{m}, \tilde{f}_k]$$

を得る。R_fはグロス表示の無リスク利子率，λ_kは，第k因子の変動に対して市場が与えるリスク・プレミアムを表す定数であり，（第k因子の）**因子リスク・プレミアム**と呼ばれている。λ_kは正値とは限らず，対価が与えられない因子についてはλ_kはゼロ，因子の予期せぬ変動が組織的リスクを減じ，リスク・ヘッジの効果をもつ場合にはλ_kは負値となる。

次に，APTが成立するための第2の十分条件は，固有リスクがPKと無相関というものである。いま，マルチファクター・モデルを表す式を，PKを用いた期待収益率の式へ代入すると，

$$E[\tilde{R}_j] = R_f - R_f \mathrm{Cov}[\tilde{m}, \tilde{R}_j] = R_f - R_f \mathrm{Cov}\left[\tilde{m}, a_j + \sum_{k=1}^{K} b_{j,k} \tilde{f}_k + \tilde{\varepsilon}_j\right]$$

$$= R_f - R_f \sum_{k=1}^{K} b_{j,k} \mathrm{Cov}[\tilde{m}, \tilde{f}_k] \quad [\because \mathrm{Cov}[\tilde{m}, \tilde{\varepsilon}_j] = 0]$$

を得る。ここで，因子リスク・プレミアムを$\lambda_k \equiv -R_f \sum_{k=1}^{K} \mathrm{Cov}[\tilde{m}, \tilde{f}_k]$と定義すると，上式は

$$E[\tilde{R}_j] = R_f + \sum_{k=1}^{K} b_{j,k} \lambda_k$$

となり，第1の十分条件から導出した結果と同一のAPTの評価式を得る。

APTの導出では，効用関数は明示的には現れない。また，資産収益についてマルチファクター・モデルを前提するものの，特定の確率分布を仮定する必要はなく，CAPMで中心的な役割を果たす市場ポートフォリオの存在，およびその観測可能性の問題も回避できる。このため，APTはCAPMに代わる理論として提唱された経緯があるが，上で述べた2つの十分条件の妥当性については，深刻な理論的問題が提起されている。詳しくは池田（[2000] 219-245頁）を見よ。

第5章 アセットプライシング

6 株式プレミアム・パズル

> 市場ポートフォリオのリスクプレミアムは総消費の変動性に依存して定まるが，実際に両者の観測値を整合させる代表的経済主体の相対的リスク回避度を求めると，極度に高い値になる。これを株式プレミアム・パズルと呼ぶ。高すぎる相対的リスク回避度は，現実よりはるかに高い無リスク利子率を含意するパズルも引き起こす。

多期間モデルで，第t期（$t \in \{0, \cdots, T-1\}$）期初の時点tのグロス表示無リスク利子率を$R_{f,t}$，時点$t+1$に実現値が観測できるリスク資産jの投資収益率を$\tilde{R}_{j,t+1}$，プライシング・カーネル（PK）を$\tilde{m}_{t+1}$とすると，1期間モデルの拡張として，

$$1 = E_t[\tilde{m}_{t+1} \tilde{R}_{j,t+1}] \Leftrightarrow E_t[\tilde{R}_{j,t+1}] = R_{f,t} - (\mathrm{Cov}_t[\tilde{m}_{t+1}, \tilde{R}_{j,t+1}]/E_t[\tilde{m}_{t+1}])$$

が成立する。期待値，共分散の演算子の下付き添え字tは，時点tの情報集合下の条件付き演算を表している。いま，$\tilde{m}_{t+1}$の標準偏差をσ_m，$\tilde{R}_{j,t+1}$の標準偏差をσ_j，両者の相関係数を$\rho_{m,j}$とし，これらは時間に依存しないと仮定する。共分散の定義を用いて上式を変形すると

$$\frac{E_t[\tilde{R}_{j,t+1}] - R_{f,t}}{\sigma_j} = -\rho_{m,j} \frac{\sigma_m}{E_t[\tilde{m}_{t+1}]}$$

を得るが，上式の左辺はリスク資産jの**シャープ比率**である。右辺の相関係数の絶対値は1以下ゆえ，この比率には境界が存在し，どのような評価理論であれ，

$$\left| \frac{E_{t+1}[\tilde{R}_{j,t+1}] - R_{f,t}}{\sigma_{j,t+1}} \right| \leq \frac{\sigma_m}{E_t[\tilde{m}_{t+1}]}$$

を満たす必要があることをHansen and Jaganathan[1991]は明らかにした。

いま，生涯効用$E_0[U(C_0, \cdots, C_{T-1})]$を最大化する代表的経済主体を想定し，**時間分離型効用**$U(C_0, \cdots, C_{T-1}) = \sum_{t=0}^{T-1} \delta^t u(C_t)$を仮定する。$\delta \in (0,1)$は，**主観的割引因子**である。各期の効用関数として，**相対的リスク回避度**がγのべき型効用$u(C_t) = \dfrac{C_t^{1-\gamma} - 1}{1-\gamma}$を仮定して，時点$t$と時点$t+1$の消費の異時点間限界代替率を求めると，

$$\tilde{m}_{t+1} = \delta \frac{u'(\tilde{C}_{t+1})}{u'(C_t)} = \delta \left(\frac{\tilde{C}_{t+1}}{C_t}\right)^{-\gamma} = \delta \exp\left\{[\log\left(\frac{\tilde{C}_{t+1}}{C_t}\right)] \cdot (-\gamma)\right\}$$

を得る．総消費が対数正規分布に従い，$\log(\tilde{C}_{t+1}/C_t) \sim N(\mu_C, \sigma_C^2)$ と仮定すると，

$$\tilde{m}_{t+1} = \delta \exp\left\{[\log\left(\frac{\tilde{C}_{t+1}}{C_t}\right)] \cdot (-\gamma)\right\} = \delta e^X,$$

$$X \equiv [\log\left(\frac{\tilde{C}_{t+1}}{C_t}\right)] \cdot (-\gamma) \sim N(-\gamma\mu_C, \gamma^2\sigma_C^2)$$

となるので，対数正規分布の期待値と分散を求め，$e^x \approx 1+x$ の近似を使うと，

$$\frac{\sigma_m}{E_t[\tilde{m}_{t+1}]} = \frac{\sqrt{\mathrm{Var}_t[e^X]}}{E_t[e^X]} = \sqrt{e^{\gamma^2\sigma_C^2}-1} \approx \gamma\sigma_C$$

によってシャープ比率上限を近似できる．このとき，相対的リスク回避度は，

$$\left|\frac{E_{t+1}[\tilde{R}_{j,t+1}] - R_{f,t}}{\sigma_{j,t+1}}\right| \leq \gamma\sigma_C \Leftrightarrow \gamma \geq \frac{1}{\sigma_C}\left|\frac{E_t[\tilde{R}_{j,t+1}] - R_{f,t}}{\sigma_{j,t+1}}\right|$$

を満たす必要があるが，リスク資産 j として市場インデックスを考えると，Mehra and Prescott[1985] によれば，米国では年率で $E[\tilde{R}_j] - 1 \approx 7\%$，$R_f - 1 \approx 0.8\%$，$\sigma_j \approx 17\%$，$\mu_C \approx 1.8\%$，$\sigma_C \approx 3.6\%$ であり，その結果，$\gamma \geq 10$ となる．このように，現実の株式リスクプレミアムと，低い消費変動 σ_C とを整合させる相対的リスク回避度を求めると極度に高い値になる問題を，**株式リスクプレミアム・パズル**と呼ぶ．

一方，無リスク利子率は，PKと $R_{f,t} = (E_t[\tilde{m}_{t+1}])^{-1}$ の関係があるので，ここへ上の $\tilde{m}_{t+1}$ を代入して，期待値の逆数を計算すると，

$$R_{f,t} = \left(E_t\left[\delta\exp\left\{\left(\log\frac{\tilde{C}_{t+1}}{C_t}\right)(-\gamma)\right\}\right]\right)^{-1} = \frac{1}{\delta}\exp\left\{\gamma\mu_C - \frac{1}{2}\gamma^2\sigma_C^2\right\}$$

となる．仮に $\delta = 0.99$ として，先ほどの $\gamma = 10$ と各パラメタの値を代入すると妥当な無リスク利子率はグロス表示で $R_{f,t} \approx 1.13$，ネット表示では13%となり，現実の観測値0.8%とは大幅に乖離する．逆に $R_{f,t} - 1 \approx 0.8\%$ と整合する主観的割引因子を逆算すると $\delta \approx 1.11$ となり，現在消費より将来消費の価値が高くなる．この矛盾は，**無リスク利子率パズル**と呼ばれ，株式プレミアム・パズルとともに未解決の問題である．

第6章 デリバティブ（先物，オプション）

1 先物・先渡し市場

> デリバティブとは本源的な証券の上に書かれた派生証券のことであり，残高はゼロであるので需要（買い）と供給（売り）とが一致しなければならない。デリバティブは大きく，①先物，先渡し，②オプション，③スワップ，の三種からなる。先渡し取引は単なる相対取引であるが，それを市場化した取引が先物取引である。

将来の定まった時点である商品，あるいは金融資産（これらを本源的商品，あるいは本源的金融資産と呼ぶ）の受け渡しをその価格とともに現在決める取引を一般に先物取引と呼び，代表的な**デリバティブ取引**のひとつである。例えばA氏がX証券を半年後に現在決まった先物価格1000円でB氏に売る，あるいはB氏から買うと言った取引である。自然発生的に生じたこの相対取引を「**先渡し取引（forward contracts）**」と呼び，その後，市場取引として整備された「**先物取引（futures contracts）**」と区別している。

■先渡し取引から先物取引へ

相対取引の先渡し取引は両者が合意すればよいので定型化される必要はない。しかしそれでは相手を探すにもコストがかかり取引量は極めて制限的となる。しかも，いったん取引が成立した後に，どちらか一方が取引を破棄したい場合，他方が応じなければトラブルが生じる。これら不便を解消し，不特定多数の参加者からなる市場取引に整備したのが先物取引であり，その市場が先物市場である。形式的に言えば，本源的な商品あるいは証券の上に書かれた先物を取引する市場である。市場化するには逆に制限も生じる。本源的な証券，商品は先物市場に流動性を与える目的から標準化されたものにする必要がある。例えば株式で言えば個別株式ではなく，それらからなる日経平均株価等の指数のほうが適当である。また満期日も取引所が先決する必要がある。

より重要な制度としては参加者が市場に任意の時期に参入，あるいは退出できるようにする必要がある。それを可能にするためには毎日市場で「先物売り」と「先物買い」とが一致（均衡）するように開く必要がある。この結果，先物価格が毎日変動することになる。また市場が円滑に運営されるためには市場参加者が破産してはならず，その準備金として参加時に一定の**証拠金**を積む必要がある。先物市場に参加し続ける場合，先物価格が上がると買いの投資家はそれを収益として，証拠金の積み増しとなり，逆に売りの投資家には損益として

証拠金の減少となる。

■先物市場の機能

　先物取引の経済的機能を明らかにしておこう。先物取引を利用することによって保有している本源的資産価格の変動をヘッジすることが可能となる。例えばすでに株式を保有している投資家が将来（満期日）の売却価格を固定したいならばその先物を売っておけば満期日に現在の先物価格で確実に売ることができる。いわゆる**売り**ヘッジである。逆に先物を買うことによって将来購入価格を固定化することもでき，それを**買い**ヘッジと呼ぶ。このように必要に応じてリスクを回避することができる。

　ヘッジされたリスクはなくなってしまうわけではない。それは投機家に移転されるのである。投機家はリスク回避的であってもその回避度が弱ければリスクを引き受けることが得策となるので一定のリターンを狙って引き受けることになる。このようにリスク回避度に違いがある投資家が参加するとリスク資産そのものを売買することなく，先物取引を通して最適にリスクが移転されることになる。これが重要な機能である。

　副次的な機能として，しかし極めて重要な機能として指数先物取引に多大な**流動性**を付与している点を忘れてはならない。上場商品を標準化する作業が功を奏しているのである。具体的にはTOPIX先物取引や日経平均先物取引においては売買による市場インパクトは少なく極めて流動性の高い市場となっている。それゆえ機関投資家はそれらインデックスファンドを売買する際には現物で行うのではなく，まず先物で売買し，その後，時間をかけて現物を，すなわち個別株式を売買する方法がとられている。

第6章 デリバティブ（先物，オプション）

2 裁定取引と先物価格

> 先物市場では現物資産を将来の満期日に先物価格で売る枚数と先物価格で買う枚数とが需給均衡するように先物価格が決まる。しかし先物価格で売ることは現物を現在売って満期まで安全資産運用することと同じであるので裁定関係から，先物価格＝(1＋安全利子率)×現物価格と決まってくる。

現在t期の株式の価格をS_tとし，その上に書かれた満期Tの先物取引の先物価格をF_tとする。満期日に成立する先物価格をF_Tとするとそれは特別清算価格（SQ）と呼ばれ，その日の株価S_Tと一致しなければならない。t期に先物を買い，それを満期まで買い持ちすると満期日において$S_T - F_t$の収益（マイナスならば損失）が生じ，逆に売り持ちすると$F_t - S_T$の収益（マイナスならば損失）が生じるが，いずれにせよS_Tは事前にはわからないのでリスクを伴う。リスクを伴うので$\tilde{S}_T$と記述することにし，この下で現在成立する先物価格F_tを裁定取引の概念を用いて求めてみよう。

なお，満期において現物を受け渡ししないで上記の収益と記した差金のみを受け渡すのが先物取引での大勢で，そのことを**差金決済**と呼んでいる。

■裁定取引

裁定取引とは第1章4で説明したように一物二価の場合，安い価格でその物を買って高い価格で売ることによってリスクなく利益を得る取引である。すなわち鞘取り取引である。この結果，一物一価となり，経済学で言う均衡状態になる。この均衡概念を用いて先物価格を求めてみよう。

F_tが理論値より高く形成されたとすると，先物売り（(1)式右辺第2項），現物を信用取引で購入する（(1)式中辺第1項）ことによって$\tilde{S}_T$のリスクは完全にヘッジされ

$$\pi_T \equiv \{\tilde{S}_T - (1+r)S_t\} + (F_t - \tilde{S}_T) = F_t - (1+r)S_t \qquad \cdots(1)$$

の裁定利益を得ることになる。ここでrは満期までの金利である。逆にF_tが理論値より低く形成されていたとすると，先物買い（(2)式右辺第2項），現物の空売り（(2)式中辺第1項）によって

$$\pi'_T \equiv \{(1+r)S_t - \tilde{S}_T\} + (\tilde{S}_T - F_t) = (1+r)S_t - F_t \qquad \cdots(2)$$

の裁定利益を得ることになる。

■先物価格

この両者は均衡ではあり得ない。では裁定の余地のない状況，すなわちπ，π'両者がゼロとなる条件を求めると，

$$F_t = (1+r)S_t \qquad \cdots(3)$$

となることがわかる。これが先物価格形成の基本的な式である。先ほど理論値と呼んだのはこの値である。$F_t - S_t = rS_t$は**キャリーコスト**と呼ばれ，ミスプライスをも含めた$F_t - S_t$は**ベーシス**と呼ばれている。

■ヘッジと投機

先物取引を用いてヘッジする方法を説明する。株式を1株保有している投資家を想定し，将来のT時点にリスクなく一定の価格で売ることを考える。そのために，同時に現在t時点で先物を1単位売るとT時点に予想される収益合計は，

$$\tilde{S}_T + (F_t - \tilde{S}_T) = F_t \qquad \cdots(4)$$

となり，株式がF_tで売れたことに相当する。株式売却から損が出るケースでは先物売から収益が出，損は相殺されるからである。これが**売りヘッジ**である。ヘッジを可能にするためには先物を買う投資家が必要である。先物のみを買ったり売ったりする投資家のことを**投機家**と呼んでいる。先物のみを売ったり買ったりする場合，その収益は$F_t - \tilde{S}_T$あるいは，$\tilde{S}_T - F_t$となるが，このコストは理論的にゼロとなる。実際には**証拠金**を要求されるがそれ自体は返却されるので経済的なコストとはならない。

第6章 デリバティブ（先物，オプション）

3 オプション市場

> 先物取引はリスク資産の将来売却価格，あるいは購入価格を先決めし，スポット売買に伴うリスクをヘッジする機能を持つ。それに対してオプションは将来購入価格の上限あるいは，売却価格の下限を先決めし，キャップ，あるいはフロアーを設定する機能を持つ。ただし，先物取引ではコストゼロで行えるのに対し，オプションではオプション料を予め払う必要がある。

　先物取引はいったん契約を結ぶと満期の日には必ず契約を履行しなければならない。その結果，先物取引から損が出る場合においては取引を行わなければ良かったとの後悔も生じる。この後悔をなくすために満期日に損が出る場合には取引を事後的に破棄するオプションを買い手につけたデリバティブ取引がオプション取引である。このように使い勝手の良くなった商品であるのでただでは利用できず，買い手は売り手にオプション料を払うことになる。オプションの原資産としては，株式，債券，金利，為替レート，天候（気温）等，その価格，指標が客観的に認識できるものであれば差し支えない。

■コールオプション，プットオプション

　満期である**権利行使日**に予め公示された**権利行使価格**で原資産を買う権利が与えられたデリバティブを**コールオプション**，売る権利が与えられたデリバティブが**プットオプション**である。権利は買い手に与えられ，売り手は買い手の選択に従わなければならない。コールオプションの買い手は権利行使日T期において行使価格K円でS_T円の原資産を買う権利が与えられているので，$S_T>K$であれば権利を行使して，その差額をペイオフとして得ることになる。逆であれば権利を行使せず，したがってペイオフはゼロとなる。同様にプットオプションの買い手は，$K>S_T$であれば権利を行使することになる。したがってコールオプション買い手の権利行使日のペイオフは，$\max[S_T-K,0]$，プットオプションのペイオフは$\max[K-S_T,0]$となる。ここで$\max(x,y)$の記号はxとyとの比較において大きいほうを選択する記号である。

　オプション取引は権利行使が権利行使日にのみ行える**ヨーロピアンタイプのオプション**と権利行使日を含めてそれ以前のいつでもできる**アメリカンタイプのオプション**とがある。日本における株式オプションの代表例である日経平均オプション，あるいはTOPIXオプションはいずれもヨーロピアンタイプである。

■**オプション市場と価格**

　先物取引と異なってオプション取引の買い手はオプション料（**オプションプレミアム**とも言う）を払わなければならない。そのオプション料は売り手に支払われることになる。このようにオプション市場も買い手と売り手からなる市場であり，この需給が一致する（実際には裁定の余地がない）ようにオプション料であるオプション価格が決まることになる。例えばコールオプションであれば所与の権利行使日，所与の権利行使価格の下で1つの市場が形成され，価格が決まる。

　権利行使日の価格は容易に導くことは可能で，コールオプション価格は$C_T = \max[S_T - K, 0]$，プットオプション価格は$P_T = \max[K - S_T, 0]$となるが，満期以前のそれらを求めるのは容易ではない。ヨーロピアンタイプの株式オプションに関してそれを求めた代表的な価格モデルが有名なブラック＝ショールズ・モデルである。その中にあって，特定な関係にある価格間に関しては簡単な関係式が得られる。**プットコールパリティー**である。同じ権利行使日，同じ権利行使価格のヨーロピアンタイプのコールオプション価格と同時点のプットオプション価格との間には，次式の関係（プットコールパリティー関係）が必ず成立する。

$$C_t - P_t = S_t - \frac{K}{(1+r)^{T-t}}$$

　ここで$(1+r)^{T-t}$は現在（t）から権利行使日（T）までの金利である。

■**オプション取引の機能**

　オプション取引の経済的な機能は新しい証券の創造にある。本源的証券とも異なり，もちろん安全資産でもない新しい証券であるので，投資家から見れば新しい投資機会，新しいリスクヘッジ機会の出現であり，経済としてはより完備な市場への接近と評価できる。例えば株式オプションを想定すれば，株価がボックス圏にあると想定される場合には株式のみでは収益をあげることはできない。この場合には複数のオプションを合成して収益を獲得することができる。

第6章 デリバティブ（先物，オプション）

4 二項モデルによるオプション・プライシング

オプションプレミアムの導出は2項モデルを使うことでその基本的な考え方を理解できる。満期に無リスクなポジションを構成できるような現物とオプションの構成比（最適ヘッジレシオ）を導き，その結果合成された無リスクポジションの現在価値を求め，それから原資産部分を分離することで導ける。

■ 1期モデルでの導出

説明を簡単にするために，満期が1期としよう。原資産は現在Sで，上昇すると$S_1=uS$，下落すると$S_1=dS$となり，コールの価値は現在Cで，原資産価格が上昇したときの価値がC_u，下落したときの価値がC_dとする。uは（1+上昇率），dは（1+下落率）である。

こうしてコールが与えられると，いま，原資産とコールでポートフォリオを組むことによって，満期（1期）に無リスクな状態を作り出すことができる。図6-1は，コール1単位の売り（買い）に対して原資産をΔ単位の買い（売り）を組み合わせた結果を示している。図の第3列目（上昇）と第4列目（下落）におけるポートフォリオの合計を見ると，それぞれ$uS\Delta-C_u$，$dS\Delta-C_d$であるから，この両者が同一であれば満期における価値は同一となり，無リスクな状態が作り出せる。このような状態をリスク中立という。リスク中立の世界では，人々のリスク選好は意思決定に影響しない。無リスクになるΔは

$$\Delta = \frac{C_u - C_d}{(u-d)S} \qquad \cdots(2)$$

でなければならない。このΔ（デルタ）を最適ヘッジ比率という。

無リスク世界なので，その現在価値は満期における価値を無リスク金利で割り引いたものに等しいはずである。いま，無リスク金利（1+金利）をRとすると，上昇した場合には，

$$(S\Delta - C)R = uS\Delta - C_u$$

となるので，これからΔに(2)式を代入してCを導くと次式のとおりとなる。

$$C = \frac{1}{R}\{pC_u + (1-p)C_d\} \qquad \cdots(3)$$

ただし，$p=(R-d)/(u-d)$である。このpをリスク中立確率という。上では上昇時の値を使ったが，下落時の値を使っても同一の結果となる。

図6-1　無リスクポートフォリオの合成

投資行動	現在の価値 (投資額)	満期の価値	
		上昇	下落
原資産Δ単位を買う	$S\Delta$	$uS\Delta$	$dS\Delta$
コール1単位を売る	$-C$	$-Cu$	$-Cd$
合計	$S\Delta - C$	$uS\Delta - Cu$	$dS\Delta - Cd$

等しくさせるΔは？
$\Delta = (Cu - Cd)/(u-d)S$

■2期以上への拡張

2期以上はこの単純な応用として考えればよい。考え方は1期モデルと同様であり，その方法を繰り返せばよい。簡単化のために，上昇率（u）も下落率（d）も不変とするならば，リスク中立確率（p）は一定となる。2期後の最終的な結果は，上昇・上昇，上昇・下落，下落・上昇，下落・下落の4通りであり，そのときにおけるコールの満期価値は，それぞれ，C_{uu}，C_{ud}，C_{du}，C_{dd}となる。すでに導いた(3)式を使って，C_{uu}とC_{ud}からC_u，C_{du}とC_{dd}からC_dを導き，さらに，(3)式を繰り返し使ってC_uとC_dからCを導けばよい。

こうして，満期からリスク中立確率pで求めた期待値を1期ずつ前に無リスク利子率で還元する行為を現在に至るまで繰り返すのである。2期を超える場合についても，同様の計算を繰り返すことによって導くことができる。すなわち，まず，(3)式と同様の関係から，

$$C_u = \frac{1}{R}\{pC_{uu} + (1-p)C_{ud}\} \qquad \cdots(4a)$$

$$C_d = \frac{1}{R}\{pC_{du} + (1-p)C_{dd}\} \qquad \cdots(4b)$$

をそれぞれ求めて，そこでのC_uとC_dを(3)式に代入してCを求める。

さらに3期，4期となった場合にも同様に，コールの満期価値を所与として各期にリスク中立確率を使って期待値を求めて無リスク利子率で現在に至るまで還元していけばよい。このような手続きを果てしなく繰り返し，各期間の長さを無限小にすることで，本章5で示される連続モデルを近似することができる。

第6章 デリバティブ（先物，オプション）

5 ブラック＝ショールズ・モデル

> 1期間二項モデルを多期間にし，さらに連続期間化することによってブラック＝ショールズ・モデルを導くことができる。ブラック＝ショールズ・モデルはヨーロピアンタイプの株式オプション価格を求める際の最も基本的なモデルである。計算に必要なデータは株価，行使価格，権利行使日までの期間，金利と株式投資収益率のボラティリティである。

二項モデルを一般化する。行使価格をKとすると，コールオプションの保有者が合理的に権利行使することによって権利行使日のペイオフは$C_u \equiv \max[Su - K, 0]$，$C_d \equiv \max[Sd - K, 0]$となる。これらを二項モデルに代入してコールオプションの価格を一般的に記すと次式となる。

$$C = \frac{1}{R}\left\{p^1(1-p)^0 \max[Su^1 d^0 - K, 0] + p^0(1-p)^1 \max[Su^0 d^1 - K, 0]\right\}$$

■二項モデルからブラック＝ショールズ・モデルへ

権利行使日までを1期間からn期間に拡張すると，次式になる。ただしこの間，u，d，Rは一定と仮定する。

$$C = \frac{\sum_{k=0}^{n}\left\{\binom{n}{k} p^k (1-p)^{n-k} \max[Su^k d^{n-k} - K, 0]\right\}}{R^n}$$

適当な整数aを探すことによって，この式を次式のように書き換えることができる。

$$C = \frac{\sum_{k=a}^{n}\left\{\binom{n}{k} p^k (1-p)^{n-k} Su^k d^{n-k}\right\} - K \sum_{k=a}^{n}\left\{\binom{n}{k} p^k (1-p)^{n-k}\right\}}{R^n}$$

となる。例えば，$S=100$，$u=1.2$，$d=0.8$，$K=90$，$R=1.1$の3期間モデル（$n=3$）を策定すると，満期における株価は，172.8，115.2，76.8，51.2となり，権利が行使されるのは上位2ケースとなる。したがって$a=2$となり，また**リスク中立確率**pは0.75となる。これらをこの式に代入すると，

$$C = \frac{3 \times 0.75^2 \times 0.25 \times 1.2^2 \times 0.8 \times 100 + 1 \times 0.75^3 \times 1.2^3 \times 100}{1.1^3}$$

$$- \frac{90 \times (3 \times 0.75^2 \times 0.25 + 1 \times 0.75^3)}{1.1^3} = 34.23$$

とコールオプション価格が求まる。式を書き換えることによって，

$$C = S\left[\frac{\sum_{k=a}^{n}\left\{\binom{n}{k}p^k(1-p)^{n-k}u^k d^{n-k}\right\}}{R^n}\right] - \frac{K}{R^n}\left[\sum_{k=a}^{n}\left\{\binom{n}{k}p^k(1-p)^{n-k}\right\}\right]$$

となる。さらに，$p^* \equiv pu/R$ と置くことによって，

$$C = SN(n, p^*, a) - \frac{K}{R^n}N(n, p, a)$$

となる。ここで，$N(n, p, a) \equiv P[X_p \geq a] = \sum_{k=a}^{n}\left\{\binom{n}{k}p^k(1-p)^{n-k}\right\}$ は毎回 u が出る確率が p（d が出る確率が $(1-p)$）の二項確率変数を n 回試行して u が出る個数が a 以上となる確率を表す。直感的に言えば株価が上昇してコールオプションの権利が行使される確率（厳密にはリスク中立確率で見た確率）と解釈できる。$R = e^r$ とし，さらに T を $\Delta t \equiv T/n$ と細分化しこの下で，$u = e^{\sigma\sqrt{\Delta t}}$, $d = 1/u$ とおき，n を無限大に持っていくことによって以下のブラック＝ショールズ・モデルが導かれる。σ は原資産である様式の収益率ボラティリティ（標準偏差）である。

$$\begin{cases} C = SN(d_1) - Ke^{-r(T-t)}N(d_2) \\ P = Ke^{-r(T-t)}N(-d_2) - SN(-d_1) \end{cases}$$

ここで，$d_1 \equiv \frac{1}{\sigma\sqrt{T-t}}[\log(S/K) + (r + \sigma^2/2)(T-t)]$, $d_2 \equiv d_1 - \sigma\sqrt{T-t}$ および，$N(x) \equiv \frac{1}{\sqrt{2\pi}}\int_{-\infty}^{x}e^{-\frac{y^2}{2}}dy$, $N(-x) = 1 - N(x)$ である。

改めて仮定を明示すると，以下のようになる。

① 原資産としての株式の収益率の**ボラティリティ**（標準偏差）σ が一定。二項モデルで言えば u, d が一定。
② 金利が一定。
③ 裁定が完全に行える市場を仮定。

第6章 デリバティブ（先物，オプション）

6 オプションのリスク管理

> オプションは権利が買い手に与えられているので，売り手はプレミアムを受け取っているとはいえ不利な立場にあると言える。例えばコールオプションの場合，株価が大きく上がった場合には売り手は多額な負担を余儀なくされる。このリスクに対して事前に準備しておく必要がある。これがリスク管理である。

　オプションを含んだデリバティブ取引一般において注視しなければならないリスクには①**市場リスク**，②**信用リスク**，③**流動性リスク**，④**事務リスク**，⑤**法務リスク**，等が考えられる。信用リスクとは取引相手の債務不履行による損害が生じるリスクである。店頭デリバティブにおいては重要なリスクである。流動性リスクには二種考えられる。標準的にはその取引が即時に適正な価格で執行できないリスクであり，market liquidity riskとも呼ばれている。他方，決済のために必要な資金繰りが確保できないリスクであり，funding liquidity riskと呼ばれている。以下では最も重要な市場リスクを取り上げその管理について説明する。

■オプションの市場リスク

　オプションの市場リスクを直感的に示せば満期におけるペイオフに事前のプレミアムを加減したネットのペイオフがマイナスになる状況である。買い手からすれば権利行使しない状況，あるいは権利行使してもその収益がプレミアムより少ない状況であり，逆に売り手からすれば権利行使され，その支出がプレミアムを上回る状況に対応している。

　より一般的にはオプション価格が満期以前にどのような要因でどの程度変動するかを知る必要があり，それがわかれば上記リスクが確定する前にその管理をすることが可能となる。オプション価格を一般にfと記すとブラック＝ショールズ・モデルに従えば，$f=f(S, t, \sigma, r)$ となる。これを拠り所に変動の程度を数量的に把握しておこう。

記号	定義	内容	数値*
デルタ δ, Δ	$\partial f/\partial S$	株価が1円上がった場合のオプション価値の変化	0.52 (−0.48)
ガンマ Γ	$\partial^2 f/\partial S^2$ $= \partial\Delta/\partial S$	株価が1円上がった場合のδの変化	0.0003 (0.0003)
シータ Θ	$\partial f/\partial t$	1日過ぎた場合のオプション価値の変化	−9.59 (−9.32)
ベガ ν	$\partial f/\partial \sigma$	ボラティリティーが1ポイント増えた場合のオプション価値の変化	23.01 (23.01)
ロー ρ	$\partial f/\partial r$	金利が100bp上がった場合のオプション価値の変化	8.13 (−8.53)

* $S=K=20000$, $\sigma=0.25$, $r=0.005$, $T-t=1/12$ の下でのヨーロピアン・コールオプションの値($C=579.76$)をもとに計算。カッコ内は同プットオプションの値($P=571.42$)をもとに計算。

■デルタヘッジ

オプションの売り手は早々プレミアムを手に入れるが,その後は大変である。コールオプションの場合には株価が行使価格以上に上がれば権利が行使されるので売り手はそれに対応しなければならない。この支出リスクをあらかじめ予測管理する必要が生じるが,そのための1つの方法が**デルタヘッジ**である。デルタが0.5のコールオプションを1000単位売った投資家はその株式を500株購入しなければならない。すなわち,株価が240円から250円に変化し,それに基づいてオプション価格が20円から25円に上がった場合,株式を500株保有していれば総資産の価格は変化しないことがわかる。

$$-1000 \times (25-20) + 500 \times (250-240) = 0$$

コールオプション価格が上がることは権利行使される可能性が高まるので売り手はその負債リスクを上記のようにヘッジする必要があり,これがデルタヘッジである。

デルタと同時にガンマもヘッジするには株式の他にその上に書かれた他のオプションも必要になる。

第6章 デリバティブ（先物，オプション）

7 金利デリバティブ1
——金利スワップ

> ロンドンのインターバンク市場における資金の貸し手希望レート（London Interbank Offered Rate）であるLIBORは典型的な変動金利であるが，それと固定金利とを相対で交換する契約が金利スワップである。固定金利はスワップレートと呼ばれ，それはLIBORを原資産とするデリバティブと解釈することができる。

スワップ取引とは，将来のキャッシュフローを2者間で交換する契約である。キャッシュフローとは金利や為替レート等である。よく用いられるスワップは**金利スワップ**および**通貨スワップ**であるがここでは金利スワップについて説明する。

■金利スワップ

金利スワップ（Interest Rate Swap：IRS）とはある1つの通貨において異なる体系の金利（固定とか変動）を交換する取引であり円金利スワップとも言われる。最も一般的なタイプは**固定金利**（年2回払い，実日数/365日ベース）と**変動金利**（6ヶ月LIBOR，実日数/360日ベース）を交換するものである。元本は交換する金利額の算定のためにのみ用いられ，受け渡しされるものではないために想定元本と呼ばれる。このような標準的なスワップを**プレーンバニラスワップ**と呼ばれる。

スワップを行う期間は1年程度から30年程度の長期にわたり，例えば10年の場合の固定金利のことを10年**スワップレート**と呼ぶ。

■スワップレートの決まり方

スワップレートがどのような水準に決まるかを明らかにしておこう。下表のように変動金利としては6ヶ月LIBORを想定し2年のスワップレートを求める。交換するので下表の固定金利と変動金利との現在価値は等しくなければならない。この点を理論的に説明しよう。

日付（月）	6	12	18	24
固定金利	$C/2$	$C/2$	$C/2$	$C/2$
変動金利	$R(0,6)/2$	$R(6,12)/2$	$R(12,18)/2$	$R(18,24)/2$

ここで金利の期間構造が次のように与えられているとする。例えば，$R(0, 18)$ は18ヶ月先の半年クーポン $C/2$ を割り引く年率スポットレートであり，それらは次のように与えられているとする。

$$R(0, 6) = 6\%, \ R(0, 12) = 6.3\%, \ R(0, 18) = 6.7\%, \ R(0, 24) = 7\%$$

この場合，額面1円の固定金利流列の現在価値は，

$$V = \frac{C/2}{1+0.06/2} + \frac{C/2}{(1+0.063/2)^2} + \frac{C/2}{(1+0.067/2)^3} + \frac{1+C/2}{(1+0.07/2)^4}$$

となる。他方，額面1円の変動金利流列の現在価値は1円である。交換では両価値が等しくならなければならないと仮定すると，

$$1 - \frac{C/2}{1+0.06/2} - \frac{C/2}{(1+0.063/2)^2} - \frac{C/2}{(1+0.067/2)^3} - \frac{1+C/2}{(1+0.07/2)^4} = 0$$

より，$C = 0.0697$，6.97%の場合，等しくなる。これが求めるべきスワップレートである。

■ スワップの利用のされ方

代表的な利用のされ方を記しておこう。
① 金利引下げ目的のスワップ

　金利が低下する状況で企業が過去の高い固定金利で借り入れている場合，当企業は固定金利を受けるスワップを組むことによって払う金利は変動金利に変更されるが，固定金利より低くすることができる。
② 金融機関の固定金利調達へのヘッジ

　金融機関が普通社債や利付金融債で資金を調達している場合，金利が低下すると上記の企業の資金調達と全く同じ目的から固定金利受けのスワップを組むことによって調達金利を変動金利にし，水準を低下させることができる。特に貸出を変動金利で行っている場合，利ザヤの変動をヘッジすることができる。
③ 金融機関の固定金利貸出へのヘッジ

　固定金利で貸出を行っている金融機関が変動金利を受けるスワップを組むと貸出金利を変動金利にすることが可能となる。特に借入れを変動金利で行っている場合，その上昇リスクをヘッジすることができる。

8 金利デリバティブ2
—オプション

> 債券, あるいは金利を原資産とするオプションは一般に金利デリバティブと呼ばれる。国債を対象とする債券オプション, 金利であるLIBORを原資産とするキャップ, フロアー, あるいは金利スワップレートを原資産とするスワップション等がある。キャップは資金を調達する主体において, フロアーは資金を運用する主体において用いられる。

ここでは金利に関するオプションについて解説する。具体的には, **債券オプション**, **金利キャップ・フロアー**, **スワップション**等からなる。

■債券オプション

債券オプションとは債券を原資産とするオプションである。すなわち, 権利行使日に, あるいはその日までに行使価格で原資産である債券を売買するオプションである。東京市場で言えば国債の現物を対象とする**債券店頭オプション**と日本取引所に上場されている国債先物を対象とする**債券先物オプション**とがある。

■金利キャップ・フロアー

変動金利であるLIBORを原資産とするオプションで, コールオプションに相当するのがキャップ, プットオプションに相当するのがフロアーである。例えば6ヶ月LIBORを原資産とするキャップの場合, 権利行使日に相当するLIBOR最終期日の買い手のペイオフは,

$$\text{想定元本} \times \max(\text{LIBOR} - \text{キャップレート}, 0) \times \text{日数}(6\text{ヶ月})/360$$

となる。**キャップレート**が権利行使価格に相当する。キャップが一般的なオプションと異なる点はキャップが複数のオプションからなる集合体である点である。上記のオプション自体は個別の**キャプレット**と呼ばれ, 例えば3年のキャップは5個のキャプレットからなり, このような方法で長期間のキャップ, フロアーを設定することが可能となる。

フロアーはキャップの逆であり, 次式となる。

$$\text{想定元本} \times \max(\text{キャップレート} - \text{LIBOR}, 0) \times \text{日数}(6\text{ヶ月})/360$$

■スワップション

　金利スワップを原資産とするオプションである。コールオプションに相当するペイヤーズオプションとプットオプションに相当するレシーバーズオプションとからなる。例えばX年スワップを原資産とするペイヤーズオプションの買い手のペイオフは

　　　　想定元本×max(X年スワップレート－ストライクレート, 0)×日数(6ヶ月)/360

となり，同レシーバーズオプションの買い手のペイオフは，

　　　　想定元本×max(ストライクレート－X年スワップレート, 0)×日数(6ヶ月)/360

となる。ストライクレートが権利行使価格に相当する。

■ブラック・モデル

　金利オプション価格を求める際にブラック＝ショールズ・モデルを用いると問題が生じる。債券は株式と異なって満期があり，デフォルトしない限り額面で償還されるので満期直前の投資収益率は安全資産に近く，そのボラティリティーは極めて小さくなるからである。これからわかるように債券投資収益率のボラティリティーは一定にはならないのである。したがってブラック＝ショールズ・モデルは適用できない。しかし，債券の上に書かれ，満期が権利行使日と一致するような先物取引を考えその先物価格Fにおいてはボラティリティーσが一定となることを仮定することには無理はない。それを原資産とするオプションを想定し，その価格を求めることで債券オプションの価格が得られる。これがブラック・モデルである。このモデルでは金利は明示的に現れないので金利がいかに変動しても構わず，したがって満期までの割引率$D(t, T)$がわかればよいのである。コールオプション価格C，プットオプション価格Pは次式で得られる。

$$\begin{cases} C = D(t, T)[FN(d_1) - KN(d_2)] \\ P = D(t, T)[KN(-d_2) - FN(-d_1)] \end{cases}$$

ここで，$d_1 \equiv \dfrac{1}{\sigma\sqrt{T-t}}[\log(F/K) + \sigma^2(T-t)/2]$，$d_2 \equiv d_1 - \sigma\sqrt{T-t}$ および，

$N(x) \equiv \dfrac{1}{\sqrt{2\pi}} \displaystyle\int_{-\infty}^{x} e^{-\frac{y^2}{2}} dy$，$N(-x) = 1 - N(x)$ である。

　なお，金利オプションではこのブラック・モデルを債券価格ではなく，金利に直接適用しているケースも多い。

第6章 デリバティブ（先物，オプション）

9 企業のオプション債務
—ワラント債，転換社債等

> 企業が発行する証券・債務は，基本的に，企業価値を原資産とするオプションとみなせる。例えば，株式は負債の満期に債権者に元利金を返済すれば残余価値（＝企業価値－返済額）を得ることのできるコールとみなせる。ここでは，満期返済額が行使価格，原資産は企業価値となる。同様にして，ワラント債や転換社債もオプションとみなすことができる。

■企業が発行する債務はオプション：株式と社債

　企業が発行する証券・債務は，基本的に，企業価値を原資産とするオプションとみなすことができる。図6－2(a)は資本構成が普通株式と普通社債から成る企業の株式を示している。株式は負債の満期に債権者に元利金を返済すれば残余価値（＝企業価値－返済額）を得ることができるので，原資産は企業価値で，行使価格が満期返済額のコールとみなせる。また，社債価値は企業価値から株式価値を控除すれば導けるので，図6－2(b)に示されるとおり，社債もオプションとみなすことができる。株式・社債以外で両者のハイブリッド商品であるワラント債と転換社債も典型的なオプションとみなせる。このほかにも，優先株式，劣後条件付社債など優先劣後条件の付いた債務などもオプションである。これらはオプション理論を適用することで理論価値を計算することができる。

■その他の代表的なオプション債務：ワラント債と転換社債

　ワラント債は，一定期間いつでもあらかじめ定めた数の新株を引き受けることができる権利が付与された社債であり，普通社債に新株予約権というオプションが付与された証券である。その保有者は，将来の株価が行使価格よりも高くなれば権利を行使して新株を取得・売却して利益を得るが，行使価格よりも低いときには権利を放棄すればよい。したがって，新株予約権はコールそのものである。ワラント市場では，新株予約権の部分だけ分離されて売買されている。

　これに対して，転換社債は一定期間にあらかじめ定めた転換価額で株式に転換できるオプションが付与された社債である。このオプションは，将来の株価が転換価額よりも高くなれば転換・売却して利益を得るが，低いときには権利を放棄すればよいので，転換価額を行使価格とするコールである。転換社債の場合は，株式に転換するときに交換となるのでワラントと異なり，社債部分と

図6-2　株式はコールオプション

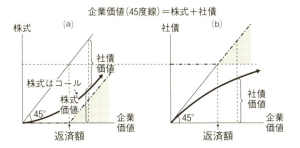

オプション部分を分離することはできない。

　いずれもオプションを発行しているので、発行会社は社債金利からそのプレミアムだけ控除したコストでファイナンスすることができる。他方、投資家からすると、ただでさえ、株価が割高だから増資するのではないかと疑えるうえに、発行会社の将来に自信がもてなくて株式投資に臆病になるような場合、新株予約権が付与された社債であれば、株価が上昇したら株式を取得し、株価が下落したらそのまま社債を保有し続ければよい。新株予約権は、企業と投資家の間に情報の非対称性があるために、投資家が消極的となるようインセンティブ上の問題（逆選択）がある場合に有効なファイナンス手段といえる。新興企業が転換社債でファイナンスを行うことが多いのはそのような理由による。

　事実、転換社債を発行する企業には、①債券格付けが低い、②高い成長率と財務レバレッジを伴う、③相対的に小規模、などの特徴が見られる。このような企業では、高い金利負担を余儀なくされるか、情報の非対称性が高いために生じる上述の逆選択によって、投資家および貸手は消極的となり、ファイナンスが困難となる場合が多い。そのようなときに、転換社債では、これらの困難を軽減・解消することができる。

　ただし、新株予約権は、通常のオプションと異なり、その権利が行使されると、発行株式数が増加し、既存株主のエクイティ（持ち分）が希薄化する。単純なコールとしてではないので注意しなければならない。

　ワラント債と転換社債は、我が国では新株予約権付社債として括られ、ワラント債は（狭義の）新株予約権付社債、転換社債は転換社債型新株予約権付社債と呼ばれる。

第6章 デリバティブ（先物，オプション）

10 クレジット・デリバティブ

> クレジット・デリバティブとは，その対象になる原資産が信用リスクにさらされている。サブプライム危機以降生き残ったものはクレジット・デフォルト・スワップ（CDS）である。CDSは伝統的な信用保険と考えれば理解は容易であるが，CDSと信用保険とは顕著に異なる点があることに注意すべきである。

クレジット・デリバティブとは，その原資産が信用リスクにさらされており，デフォルトが生じた場合の損失額がどのくらいかであるかによりその価値が変わりうるものをいう。

様々なクレジット・デリバティブがあるが，主たるものは，クレジット・デフォルト・スワップ（CDS：Credit Default Swap）と担保付き債務証券（CDO：Collateralized Debt Obligation）の2つである。しかし，CDOは，サブプライム危機以降，その市場はほぼ壊滅状態になったので，ここでは，CDSを中心として，クレジット・リスクデリバティブの特徴について考えてみる。

■CDS：クレジット・デフォルト・スワップ

CDSは信用保険契約になぞらえて考えると理解しやすい。その最も簡単な取引例が図6-3に示されている。

CDS（保険）の対象になる原資産としては，信用リスクにさらされている企業や国（都市）などがある。例えばある企業の債券に投資をしている投資家は，この企業がデフォルトするリスクを回避するために，CDS契約（信用保険）を購入する。この時の投資家を「プロテクションの買い手」と呼ぶ。買い手は保険料を定期的に支払う。保険においても価格は料率（プレミアム）で示されるように，CDSにおいても，価格は，あらかじめ契約で決められた想定元本に対する保険料の割合である「CDSスプレッド」で示される。「プロテクションの売り手」は，いわば保険会社であり，デフォルトが生じなければ，保険料であるCDSスプレッド分を定期的に受け取る。もし事前に決められたデフォルト事由が生じれば，プロテクションの売り手は保険金をプロテクションの買い手に支払う。保険金は通常リスクフリーレートしてプラスα，例えばLIBOR＋超過ベーシスポイントで示される。

CDSは保険に似ているが，通常の生命保険や損害保険とは顕著に異なる点がある。まず，プロテクションの買い手は，CDS契約の対象になる（図参照）資

図6-3　クレジット・デフォルト・スワップ（保険）契約の内容

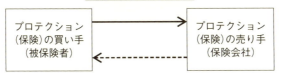

産を保有している必要はない。この意味で，CDSはヘッジというより投機の対象となる可能性がある。第2に，信用リスクは，平時には分散可能リスクとみなすことができるが，一国あるいはグローバルな信用危機が発生するとシステマティックリスクとなりうる。大数法則が通用する世界でのリスクの引き受けを行う生命自動車や火災保険とは異なる。

CDSには，対象資産がポートフォリオ，例えば，多くの企業や国から成り立つものもある。この場合，デフォルトは，ポートフォリオ中で，何社が，あるいは何番目の企業がデフォルトしたかどうかによって保険金の支払いが発生する。ポートフォリオを考えるのであるから，ポートフォリオを構成する資産である国や企業間のデフォルト相関，したがって，資産相関をいかに見積もるかが重要になる。多くの場合，正規コピュラ手法が用いられてきたが，サブプライム危機以降その問題点が指摘されている（Stutzer[2014]）。

CDSは他の信用リスクデリバティブと異なり，価格の透明性が確保されるような仕組みが成り立っている。組織化された市場あるいは店頭市場での個別CDSの取引が活発に行われるとともに，多くのCDS価格指数が作成され，その値が定期的に発表されている。

第7章　行動ファイナンス

1 アノマリー

> CAPMのようなファイナンス理論では説明できない現象をアノマリーと称する。第3章で示したバリュー株効果や小型株効果以外にも，証券のリターンの予測可能性や配当の謎，IPO関連アノマリーなどの存在が指摘されている。行動ファイナンスでは，投資家の意思決定上の歪みがアノマリーの背景にあると想定している。

　CAPMをはじめとするファイナンス理論については第3章で説明したが，ファイナンス理論では説明できない現象を**アノマリー**と称する。バリュー株効果や小型株効果（規模効果）のように，CAPMでは想定されていないような要因の説明力が高い現象が代表的なアノマリーであるが，その他にも，様々なタイプのアノマリーが存在する（俊野［2004, 2015］を参照）。

　ファイナンス理論は**効率的市場仮説**を前提としており，投資家はきわめて合理的に価格形成するため，証券価格は証券市場に存在するあらゆる情報を反映していると想定されている。そのため，将来発生する情報を予想できないと考えれば，将来の価格変動も予想できないと結論づけられる。その結果，証券価格は**ランダムウォーク**することなる。このようなファイナンス理論の仮説と整合的でない現象も，広義のアノマリーに含まれる。

　行動ファイナンスでは，これらのアノマリーは，投資家をはじめとする市場参加者が，実際には理論で想定されているほど合理的には行動しない（できない）ことが背景にあると見なしている。ここでは，第3章で言及したアノマリー以外の現象について概観する。

■収益率の変動パターンに関するアノマリー

　株式や債券などの証券価格は，実際の証券市場では必ずしもランダムウォークしておらず，何らかの規則性が存在すると結論づける分析事例が見られる。**短期的モーメンタム**と**中長期的平均回帰**が典型例である。

　短期的モーメンタムとは，1年以内の短い期間では，証券価格に上昇もしくは下落のトレンドが発生している場合には，そのトレンドが継続しやすいことを意味する。効率的市場仮説では，証券価格にとって良い情報でも悪い情報でも発生した段階で価格変動が瞬時に起こり，その後は，その情報の影響は存続しないと想定される。実際には，情報の影響が発生後しばらくは残っているとすれば，投資家は情報処理を的確に行っていない疑いが生じる。

中長期的平均回帰とは，3〜5年程度の投資期間を想定すると，それまで証券価格が上昇した証券は下落過程に入り，逆に，価格が下落した証券は上昇過程に入る傾向があることを意味する。投資家が良い情報には過剰反応して割高な水準まで価格を上昇させてしまい，悪い情報にも過剰反応して割安な水準まで価格を下落させてしまうことがこの現象の背景にあるとすれば，やはり投資家は情報処理を的確に行っていないことになる。

その他にも，株式の月曜日のリターンが他の曜日よりも低い**曜日効果**，1月のリターンが他の月よりも高い**月次効果**，1〜6月のリターンが相対的に高い**上半期効果**，月末や月初数日間のリターンが相対的に高くなりやすい**月末・月初効果**など，株式リターンの季節性の存在が指摘されている。

■投資家行動の合理性に対する反証

もっと直接的に投資家の合理性に対して疑念を抱かせるような現象が指摘されている。

配当の謎が代表例である。多くの国では，配当に対してキャピタルゲインよりも高い税率が課せられやすい証券税制の存在を考えると，投資家が高い配当を好み，企業が配当を支払うのは合理的でないと指摘される。

また，未上場企業が株式を公開して上場するIPOの際に，あらかじめ決定される公開価格と比べて，上場初日の株価（初値）が，概ねどの国でも高騰する現象が見られる。IPO直後の株価が高騰しやすいことを投資家が知っており，過度に楽観的な価格形成を行うことが背景にあるのではないかと指摘されている。IPO後しばらく経つと数年間にわたって株価が相対的に低迷しやすいことも指摘されており，**アンダーパフォーマンス現象**と呼ばれている。

その他，すべての投資家が何らかの情報に基づいて売買するとした場合には，情報の発生量から見て，それほど活発な売買は起こらないと想定されるが，現実的にはかなりの量の売買が発生している。これは，情報に基づかないで取引に参加する**ノイズトレーダー**が多数存在する証拠と指摘されている。

第7章 行動ファイナンス

2 裁定の限界

> 妥当な証券価格を知っている情報トレーダーに，資金量の限界と投資期間の短さのために裁定取引の限界が存在する場合，ノイズトレーダーのセンチメントの影響が証券価格に中長期的な影響を与えることがあり得る。裁定の限界をもたらす要因として，ファンダメンタルリスク，ノイズトレーダーリスク，執行コストがある。

　投資家の合理性を前提としたファイナンス理論が構築される際にも，非合理的な行動を示す投資家が多数存在することは想定されていた。しかしながら，妥当な証券価格に関する情報を持たずに投資を行う投資家（**ノイズトレーダー**と称する）は，情報を持って投資を行う**情報トレーダー**との取引で損失を被り続けるため，いずれ市場から退出することを余儀なくされると考えられていた。

　ところが，Shleifer and Vishny[1997]において，情報トレーダーの投資期間が短く，資金量が限定的という条件のもとでは，割安な証券を買って割高な証券を売ることで利益を挙げようとする情報トレーダーの裁定取引には限界があり，ノイズトレーダーの影響力が存続し得ることが示された。そのことで，投資家の意思決定上の歪みがアノマリーの原因となり得るとする行動ファイナンスの理論的根拠が確保された。

　裁定の限界の背景には，**ファンダメンタルリスク**，**ノイズトレーダーリスク**，**執行コスト**の3要因が存在すると考えられている。

■ファンダメンタルリスク

　裁定取引では，理論的に割安な証券を買い，割高な証券を売ることが出発点であり，後に証券価格が正常化した段階で反対売買を行って利益を確定させようとする。ところが，割安な証券の価格が妥当な水準まで上昇するとは限らない。企業業績の悪化など，証券の価値の低下をもたらす新しい情報が発生して，割安な証券の価格が一層下落することが**ファンダメンタルリスク**である。

　割安な証券を見出して投資するバリュー戦略は非常にポピュラーであるが，割安な状態からなかなか抜け出せないことがある。これを**バリュー・トラップ**（割安の罠）という。

■ノイズトレーダーリスク

　理論的に見ると割安もしくは割高な状態にあるとしても，ノイズトレーダーの**センチメント**（思惑）の影響で，割安もしくは割高な状態が継続もしくは一層進展することがあり得る。これがノイズトレーダーリスクである。

　例えば証券バブルが起こると，ノイズトレーダーのセンチメントが高揚して，たとえ証券価格が大幅に割高な状態にあったとしても，証券価格がもっと上昇すると予想して証券投資を行うことで，長期間にわたって証券価格の高騰が続くことがあり得る。これがノイズトレーダーリスクの典型例である。

■執行コスト

　明らかな裁定取引の機会があるように見える場合でも，これを実行するためのコスト（執行コスト）が高い場合には，このような裁定機会が存続することがあり得る。ただし，執行コストには，売買コストのような直接的なコスト要因だけでなく，**マーケット・インパクト**などの間接的なコスト要因も含まれる。

　日本経済新聞の記事によると，2005年4月21日時点で，ソフトバンクはヤフーの株式を41.8%保有していた。当時ヤフーは高い成長性が注目されて株価が高騰しており，時価総額が3兆5,787億円であったが，ソフトバンクの時価総額は1兆4,903億円に留まっていた。そのため，ソフトバンクの買収に成功すれば，同社のヤフー持分（1兆4,959億円）で買収金額を賄ったうえで，ソフトバンクのその他の全資産を手に入れることができる状態だった。このような現象は**親子逆転現象**と呼ばれた。

　この事例では，巨額の株式売買を行う際のマーケット・インパクト（買いにより株価を吊り上げ，売りによって株価を引き下げる効果）に加えて，企業買収に対するソフトバンク側の**買収対抗策**の発動が裁定利益獲得の障害となると考えられる。

　その他，**クローズエンド型投信のディスカウントの謎**も有名なアノマリーである。アメリカのクローズドエンド型投信（会社型投信の一種）の時価が保有資産の時価を大幅に下回るとされる。投信の株式をすべて買い占めて，保有資産をすべて売却すれば利益が生じるが，マーケット・インパクトが障害となる。

第7章 行動ファイナンス

3 意思決定上の歪みの源泉

> 行動ファイナンスの基礎となる意思決定上の歪みの源泉は，限定合理性，感情的要因，社会的要因に分類できる。限定合理性は人間の能力には一定の限界があること，社会的要因は人の目を気にして最適な行動が阻害されることを表す。神経経済学の研究が進み，感情的要因の背景には，脳の機能の特徴が存在することが示された。

行動ファイナンスでは，能力の限界や感情的要因などファイナンス理論では想定していない様々な人間的要因がアノマリーの背景にあると考える。ここでは，これらの意思決定上の歪みの源泉について整理する（俊野[2004]を参照）。

■限定合理性

ファイナンス理論の前提となっている期待効用理論は，1940年代に提示され，合理的な意思決定者は期待効用を最大にするような選択をすべきであると結論づけている。これに対して，1978年のノーベル経済学賞受賞者として知られているサイモン（Herbert Simon）は，実際の人間の能力には限界があり，これを**限定合理性**と称した。そのうえで，何らかの意思決定モデルを構築する際には，現実的な人間の能力に見合ったものにすべきであると指摘した。

後の研究者が様々な実験を通じて限定合理性の実証を行い，行動ファイナンスの基礎を築いた。限定合理性の具体的な形態として，**記憶の不正確性，情報の選別的認識，判断の不正確性**が含まれている。

記憶の不正確性とは，人間の記憶は不確かなもので，思い出すときの状況によって脚色されやすいことを意味する。結果が出た後になって，自分が主張したとおりになったと述べる傾向を**後知恵**（hindsight bias）という。

情報の選別的認識とは，何らかの判断を行ううえで都合の良い情報と悪い情報が混在している場合に，自分が行いたい行動と整合的な情報を選別して認識することによって，自分の意思決定を正当化しようとする傾向のことである。

判断の不正確性とは，人間の能力の限界から，正確な判断ができない状況のことである。特に，人間の直感は統計的な能力に欠けていると結論づける実験例が見られる。例えば，比較的少数のサンプルから導かれる結論を普遍的な現象とみなす傾向を**少数の法則**と称する。また，ランダムな価格変動において数期間にわたって上昇や下落が続くことが少なくないが，頻繁に上下動を繰り返す変動パターンをランダムと認識しやすい。さらに天候など，環境の影響を受

けやすく，晴れた日には株価が上昇しやすいなどの実証結果も見られる。

■感情的要因

　人間の能力の限界ばかりでなく，感情的な側面も意思決定の歪みに結びつく可能性があると指摘されている。**自信過剰**と**後悔の回避**が代表例である。

　自信過剰は自分の能力を過信する傾向のことを意味する。自分のトレーディング能力を過大評価することで，過剰な証券売買を行い，コスト控除後の収益率を悪化する傾向があるなどの実証分析結果が見られる。後悔の回避は，後悔することを避けるために，過度に保守的な意思決定を行う傾向を指す。

■社会的要因

　人の目を気にすることで，判断に歪みが生じる可能性がある。

　まず，人間はムードに左右されやすいと指摘される。バブル期には過度に高リスクの投資を行う傾向が典型例である。これを投資家もしくは市場のセンチメントとも称する。また，他人が同一の行動をしているときに自分だけ異なる行動を選択しにくいことがあり，これを**群れの行動**と称する。ハーディング（herding）とも呼ばれ，家畜が群れを成す行動にたとえられている。さらに，過去の自分の言動に左右されやすい傾向を**認知不協和の回避**と称する。首尾一貫していないと批判されることを恐れるためと解釈されている。状況が変われば，過去の行動を改めるべき場面は多いが，これをためらうことがよくある。

■神経経済学の示唆

　最近は，脳の構造に関する研究が進んでおり，意思決定上の歪みの一部は，脳の機能に由来すると考えられている。このような研究を**神経経済学**という。

　例えば，人間は自分で認識できるものしか判断材料にしない傾向がある。ベンチャー企業が自分たちの事業に対して自信過剰となりやすいのは，失敗するリスクを十分に認識できていないことが背景にあると指摘される。

第7章　行動ファイナンス

4 ヒューリスティクス（簡便的意思決定法）

> ヒューリスティクス（簡便的意思決定法）は，人間の直感的な意思決定方法のことであり，アンカリング，代表性，利用可能性の3種類の簡便法がある。限られた時間の中で効率的に数多くの意思決定を行ううえでは現実的な対応であるが，構造的な意思決定の歪みに結びつく可能性がある。

　Tversky and Kahneman［1974］において公表された論文が行動ファイナンスの出発点とされており，この論文の中で提示された概念が**ヒューリスティクス**（heuristics）である。直感的ないし簡便的な意思決定法のことを意味し，実際の人間は，期待効用理論が想定するほどの水準では合理的に行動できないことを示唆している。

　この論文では，**アンカリング**，**代表性**，**利用可能性**という3種類のヒューリスクティクス（簡便的意思決定法）が具体的に示されている。

■アンカリング

　アンカリング（anchoring）とは，船が停泊する際に，錨を降ろした場所から遠くへは動くことができない状況を意味する。具体的には，正解がわからない未知の問題について解答を模索する際に，身近にある値を初期値として推論を開始して，十分に修正することが難しいため，導かれる結論がその初期値の影響を受けやすいことを表している。

　株価や為替レートの予想を行う際に，直近時点の数値を初期値として予想を開始することが多いため，大きくかけ離れた水準を想定しにくいことが一例である。証券バブルの最中に，大幅な株価の下落を予想しにくいため，巨額の資金を株式に投資して，バブル崩壊の影響を受けるケースがアンカリングによる失敗例のひとつである。

　不動産の売買等の価格交渉の際に，売り手が最初に非常に高い金額を提示することで，約定価格を高めに誘導しようとする戦略も，アンカリングの応用例と位置づけることができる。

■代表性の簡便的意思決定法

　ある事象が何らかの集合に属するかどうかを判断する際に，その集合の典型的な特徴を備えているかどうかを判断基準にすることを代表性の簡便的意思決

定法（representative heuristics）という。大人しくて親切な女性は司書，眼鏡をかけていて深刻そうな表情をしている人は大学教授の可能性が高いと判断することが典型例である。この例では，司書や大学教授の絶対数が少ないことを考慮せずに，これらの職業の典型的な属性を備えているかどうかを判断材料として重視することが，誤った意思決定の背景にある。

　投げたコインの表裏で勝敗を決するような賭け事を行っているときに，例えば表が何回か連続して出たときに，それほど何回も続けて表が出るはずはないと考えて裏に賭けることを**ギャンブラーの誤謬**という。過去の結果にかかわらず，次に表が出る確率も裏が出る確率も50％ずつであることを忘れて，表や裏が交互に出るパターンが典型的な出方と考えて意思決定することが，この誤謬の背景にあると考えられる。

■利用可能性の簡便的意思決定法

　テレビや新聞等の報道で見聞きする頻度の高い事象ほど，発生頻度が高いと判断する傾向のことを利用可能性の簡便的意思決定法（availability heuristics）と称する。マスメディアは，視聴者が関心を持ちやすい話題性の高いニュースほど取り上げる傾向が強いが，実際の発生頻度と相関が高いとは限らない。

　例えば，凶悪な事件や悲惨な事故によって被害者が出た場合には，かなりの確率で報道されるが，一般人がアルコールの飲み過ぎ等の不摂生が原因で死亡したとしても，報道される可能性は低い。そのため，事件や事故には遭わないように注意するが，生活習慣の乱れには無頓着な人が少なくない。健康診断の際の危険信号を過小評価して，重大な事態に陥ることが利用可能性の簡便的意思決定法の採用に伴う失敗例のひとつである。

　バブル期には経済や市場に関して良いニュースばかりが市場にあふれる傾向があるため，株価下落の可能性を想定しにくい。バブル期に株価の下落リスクを過小評価して，多くの資産を株式に配分する行動は，利用可能性の簡便的意思決定法の現れという見方もできる。

第7章 行動ファイナンス

5 プロスペクト理論

> プロスペクト理論では，様々な経済実験を通じて人間の選択行動の特徴を調べたうえで，期待効用理論に代わる評価関数とウェイトづけ関数を提示した。評価関数では，利益よりも損失のほうが2倍以上重く感じやすく，ウェイトづけ関数では実現確率の低い事象は過大評価しやすいなどの人間の認識上の特徴を反映している。

　一定の合理的規範に従って行動する意思決定者は，期待効用を最大化するような選択をすべきとする期待効用理論がファイナンス理論の大前提である。**プロスペクト理論**は，この期待効用理論に対する代替的な評価モデルという位置づけで，Kahneman and Tversky［1979］において公表された。様々な経済実験を通じて実際の人間の選択行動を確認したうえで，これと整合的なモデルが提示されている。プロスペクトとは，実現確率と金額の組み合わせを表したものであり，例えば（1, 0.5;-1, 0.5）（金額の単位は万円と仮定）は50％ずつの確率で1万円もらえるか1万円損するかという状況を表している。

■評価関数

　図7-1が評価関数の形状を表している。

　期待効用理論では最終的な資産額が評価の対象とされるのに対して，プロスペクト理論では，評価の対象は何らかの**基準値**からの変化である。100万円相当の株式を購入後，130万円に株式価値が上昇した場合，30万円の利益と認識するのが一般的である。しかしながら，基準値は移動する傾向があり，そのことで利益の領域での意思決定になったり，損失の領域での意思決定になったりする。例えば，150万円になったら売却しようと計画していた場合には，この金額が基準値となり，まだ20万円の損失と認識される可能性がある。

　関数の形が利益の領域では上に凸，損失の領域では下に凸になっている。これは，利益は増加するに従って次第に満足度が増えにくくなるのに対して，損失は，ある程度金額が大きくなると，次第に痛みを感じにくくなることを示している。これは，利益の領域では早めに売却して利益を確定したいと考えがちなのに対して，損失の領域ではなかなか損失を実現したくないという投資家心理と整合的である。基準値の設定方法次第では，利益の領域での問題とも，損失の領域での問題ともなり得るため，同一の状況に直面しても，異なる結論が導かれることが少なくない。

図7-1　プロスペクト理論の評価関数

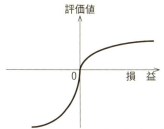

出所：Kahneman and Tversky［1979］に基づいて筆者が作成。

　評価関数の傾きは，利益の領域よりも損失の領域のほうが急になっている。これは，利益よりも損失のほうが重く感じられやすいことを表している。Tversky and Kahneman［1992］では，損失部分の傾きは，利益部分の傾きより2倍以上になっていることを示した。これは，50％ずつの確率で利益と損失が発生する状況では，利益が損失よりも2倍以上大きくない限り，このリスクを受け入れにくい（ギャンブルは避ける）という行動パターンと整合的である。

■ウェイトづけ関数

　期待効用理論では，実現確率がそのままウェイトとして用いられている。ところが，プロスペクト理論では，実験結果を踏まえて以下のような修正が行われている。

　まず，実現確率が非常に小さい場合には，これを過大評価する傾向があるとされる。人々が宝くじや保険を好むのは，実現確率の小さい事象を過大評価しやすいことが背景にある可能性がある。

　また，100％確実な事象に非常に大きな価値を見出す点も人間の認識の特徴とされる。そのため，実現確率が100％から99％へ減少する場合の1％相当の目減りは，50％から49％へ実現確率が1％減少する場合などと比べると，大きな価値の低下を感じる傾向があり，100％確実な状態を実現（維持）するために，かなり高いコストを払うことが正当化されやすい。

第7章　行動ファイナンス

6　心理的勘定の設定

> 例えば保有資産全体を統合的に管理するのではなく，心の中で複数の勘定に細分化したうえで，意思決定を行う傾向のことを心理的勘定の設定という。利益よりも損失のほうが重く感じられやすいため，個別の株式ごとに損益を認識することで，効率的な運用が阻害されやすい。マーケティング戦略への応用も可能である。

心理的勘定の設定（mental accounting）とは，心の中に何らかの勘定を設定して，個々の勘定ごとに独立した意思決定を行う傾向のことを意味する。細分化した単位で意思決定を行うことで，最適でない意思決定が行われる可能性があると示唆される。この考え方は，Thaler［1985］において公表したものである。

心理的勘定の設定については，10ドルの観劇に関する有名な実験例がある。10ドルの前売り券を購入して劇場に行ったところ，前売り券をなくしてしまった場合，半数以上の実験参加者が追加で10ドル払って劇を見ないと回答した。ところが，当日券を買おうとして劇場に着いた時，観劇用にとっておいた10ドル札がなくなっていた場合には，9割近い実験参加者が10ドル払って劇を見ると回答した。前売り券を買った人は，すでに観劇の勘定で10ドル支出していると認識しているため，合計20ドルは高いと感じたのに対して，10ドル紙幣をなくした人は，まだ観劇勘定では支出していないため，追加の10ドルを支出する気になったのであろうと解釈されている。

心理的勘定の設定は，証券投資の場面でも応用できる。多数の株式を同時に運用するファンドマネージャーは，本来はポートフォリオ全体を見て，損益を評価すべきであるが，個々の株式ごとに損益を評価することで意思決定の歪みが生じる可能性がある。ポートフォリオ全体では利益が出ているが，一部の株式が値下がりし始めて，今後も値下がりが予想される場合，本来であれば，この株式を売却して，追加的な損失の発生を限定するべきと考えられる。ところが，個々の株式単位で損益を評価する場合，損失の実現を好まない特性から，この株式をなかなか売れずに，損失が拡大する可能性が出てくる。

■プロスペクト理論の評価関数の応用

複数の損益が発生する場合，それぞれをプロスペクト理論の評価関数で評価したうえで，これを合計する評価方法を分離，まず損益を金額ベースで合計し

たうえで，これを一度だけ評価する方法を統合とし，人々は評価値の大きなほうを選択すると仮定するモデルを**ヘドニック・アプローチ**という。

このアプローチに従うと，複数の利益が発生する場合には，それぞれの利益を分離して評価して，満足度を感じたほうが最終的な評価値が上昇する。このような評価方法が，**毎月分配型投資信託**のような分配頻度の高い投資対象に対する人気の背景になっている可能性がある。様々な機能のある商品を販売する際，個々の機能を実践して見せることで，商品の価値を高く見せるマーケティング戦略も，この利益の分離効果を反映している可能性がある。一方，大きな金額の損失が見込まれているときに，予想よりも損失が少なかった場合には，損失の減少分を利益と分離して認識することで満足度が高まる。

逆に，複数の損失が発生する場合には，損失を統合して一度の損失と認識したほうが精神的な痛手は少なくて済む。パック旅行のように，交通費や宿泊代など，すべての費用を一括して請求する方法のほうが，負担感が少ない。企業の業績も，何年にもわたって損失を連続して計上するよりは，大きな損失を一度に計上したうえで，その後は利益を計上した場合のほうが投資家の評価は高まり，株価上昇につながりやすいと思われる。

また，大きな利益が見込まれていたところ，その利益が目減りする場合には，その目減り分を損失と認識しないほうが良い。最初から，目減り後の利益が発生したと認識したほうが満足度は高まる。そのため，マーケティング戦略としては，何らかの運用コストが発生する金融商品等を販売する場合にも，コストの存在を投資家には明示的に示さないほうがよいという結論になる。

前述したポートフォリオ運用の際の個別銘柄ごとの損益の認識も，この考え方で説明できる。ポートフォリオ全体で利益が生じている場合には，個々の株式の損失は認識しないほうがよい。したがって，ファンドマネージャーの心構えとしては，個々の株式ごとの損益には過度にとらわれずに，ポートフォリオ全体をマネジメントするという考え方のほうが，心理的な罠の影響を受けずに運用できるというメリットが生じる。

第8章 コーポレートファイナンス

1 投資の意思決定

> コーポレートファイナンスにおいては、企業が資金をどのように市場で調達すべきか、どのような基準で投資すべきかを考える。投資の意思決定においては、将来投資が生み出すキャッシュフローを下に、その正味現在価値（NPV）がプラスの投資や、内部収益率（IRR）が資本コストを上回るような投資を行うべきである。

コーポレートファイナンスにおいては、企業がその企業活動を行ううえで必要とされる投資資金や運転資金を、どのように市場で調達すべきか。そして調達した資金をどのような基準で投資すれば、資金調達のコストに見合うものになるのか、といったことを考える。この節では、まずどのような基準で投資を選択すべきか、について説明する。

■資本コストと正味現在価値（NPV）

投資においては、初期投資があって、その投資から利益、厳密に言えば、キャッシュフローが生み出されるというのが、一般的なパターンである。初期投資を上回る価値を持つキャッシュフローが得られると期待されれば、その投資は「元が取れる」ことになるし、そうでなければ、その投資は割が合わないことになる。投資の意思決定とは、元が取れる投資は行い、元の取れない投資はやらない、ということに尽きる。しかしながら、初期投資と将来発生するキャッシュフローとの間には、時間差があるので、単純に金額を加減算して、初期投資の元が取れたかどうかを比較することはできない。そこで、将来発生するキャッシュフローを現在の投資金額に引き直して「元が取れた」かを考える必要がある。このように将来のキャッシュフローを現在の投資金額に引き直す作業、具体的には、今回程度のリスクのプロジェクトに投資したら得られると期待される収益率（＝割引率、もしくは資本コスト）でキャッシュフローを割り引く、という）の結果得られたものが、将来キャッシュフローの現在価値である。具体的には、1年後、2年後、t年後に発生するキャッシュフロー（それぞれ、CF_1, CF_2, CF_t）の現在価値は、$\dfrac{CF_1}{1+r}, \dfrac{CF_2}{(1+r)^2}, \dfrac{CF_t}{(1+r)^t}$ と計算される。

そこで、あるプロジェクトがt年間キャッシュフローを生むと予想される場合において、初期投資額をCF_0とすると、その投資の「元が取れる」かどうかは、以下のような計算によって、初期投資と将来キャッシュフローの現在価値を差

し引いたものが，プラスかどうかで判断すれば良いということになる。これを正味現在価値，もしくは純現在価値（NPV：net present value）と呼び，これがプラスの投資は行うべきで，マイナスの投資は避けるべきと判断できる。（注：初期投資は，資金が出ていくという意味で，マイナスのキャッシュフローで示す。）

$$NPV = -CF_0 + \frac{CF_1}{1+r} + \frac{CF_2}{(1+r)^2} + \cdots + \frac{CF_t}{(1+r)^t} \quad \cdots(1)$$

■内部収益率（IRR）

　投資の意思決定においては，NPVがプラスか否かで判断をするのが，シンプルで，かつ理論的に正しい結論を得る方法である。一方で，NPVと類似の手法で，内部収益率（IRR：internal rate of return）という指標を求め，これが投資の期待収益率を上回る場合にのみ投資を行う，という方法も，広く用いられている。内部収益率は，いわばt年間のプロジェクトの平均的な収益率を示しており，これが他の同程度のリスクの投資の期待収益率（資本コスト）よりも高いのであれば，投資は行われるべきだ，という考え方である。「NPVがプラスであれば投資する」，という意思決定と，「IRRが期待収益率よりも高ければ投資する」という意思決定は，一部の例外的ケースを除いて同じ結論をもたらすため，併用されているのであろう。

　IRRは，ある投資において，キャッシュフローの正味現在価値（NPV）がゼロとなるような，割引率（上記の(1)式ではr）の値である。具体的には，$-CF_0 + \frac{CF_1}{1+IRR} + \frac{CF_2}{(1+IRR)^2} + \cdots + \frac{CF_t}{(1+IRR)^t} = 0$となるように，IRRを求める。IRRを求めることは，t次の方程式を解くことなので，金融電卓や表計算ソフト（Excel）の関数機能を使って答えを求めるのが一般的である。また，時として複数のIRRが求められる（方程式の解が複数個ある）場合があるので，注意を要する。

第8章 コーポレートファイナンス

2 資本（負債）政策

> 資本（負債）政策とは，企業が株主資本と負債を，どの程度の割合で調達するかについての理論である。MM理論は，完全競争市場という前提の下で，資本政策が企業価値と無関係であることを示した。完全競争市場の前提を緩和して，企業の最適資本構成を考える理論には，トレードオフ理論と，ペッキングオーダー理論がある。

コーポレートファイナンスにおける最重要テーマのひとつに，資本政策（もしくは負債政策とも呼ばれる）がある。これは，具体的には，企業が株主資本（自己資本）と負債（他人資本）を，どの程度の割合で調達すれば，より企業価値を高めることができるかについての理論である。企業の資金調達においては，企業の直面する資金制約や税制や，経営状況といった要素を組み合わせて，複雑な意思決定を求められる。ここでは，資本政策に関する議論のすべてを網羅することはできないが，いくつかのポイントを紹介することにしたい。

■資本政策と企業価値の関係：MMの第1命題

資本政策が企業の価値にどのような影響を与えるのか，この点についてスタート地点となる議論として，ノーベル経済学賞受賞者2名による，モディリアニ・ミラーの命題（MM命題，MM理論とも呼ばれる）がある。彼らは，完全競争市場という特殊な前提の下，資本政策は企業価値と無関係であることを示した（MMの第1命題）。

MMが想定した完全競争市場の条件として，以下のようなものがある。①税が存在しない，②情報は皆に共有されており（情報の対称性），取引コストはない，③投資家と企業は同一の利率で借入・貸出を行える，④倒産コストはない，⑤資本構成によって，経営者のインセンティブには影響がない。こうした特殊な前提に基づくことから，実際の社会で資本政策は企業価値に無関係ではない。しかしながら，MM理論の前提のどの部分を緩和すると，資本政策が企業価値に影響を与えるようになるのかを考えることは，有用である。

■資本政策と企業価値の関係：トレードオフ理論における最適資本構成

MM理論の中で，法人税の存在による負債の節税効果のメリットと，倒産等の財務的困難のコストのデメリットの関係から，最適資本構成を考えるのが，トレードオフ理論である。負債の金利は，通常費用として企業の課税所得から

控除される。一方で、株主に対して支払われる配当は、課税後の法人所得から支払われる。したがって、MM理論と異なり法人税が存在する実際社会では、負債による資金調達は、株主資本による調達に比べて節税効果のメリットがある。一方で、負債は株主資本と異なり、返済期限があり、返済できない場合には倒産等により企業存続ができなくなるリスクがあり、倒産に伴う顧客流出や、倒産を回避しようとする企業経営者の無謀な投資等によって、企業の価値が損なわれる可能性がある。このように、負債による資金調達にはメリットもデメリットもあり、トレードオフ理論では、このバランスによって資本構成を考えるべきとする。一般的には、財務的困難に陥りやすいのは、業績が不安定な企業が多いため、この理論からは、そのような企業の負債調達はより慎重であるべきという結論が示唆される。逆に、業績が安定して高収益の企業は、負債を活用すべきである。トレードオフ理論に基づき、負債の節税効果のメリットをフル活用しようという例が、レバレッジド・バイアウト（LBO）取引である。

■資本政策と企業価値の関係：ペッキングオーダー理論における最適資本構成

トレードオフ理論の予測に反し、現実には業績が良い企業は負債を活用していないことが多い。こうした状況を説明するうえで、情報の非対称性を重視するのがペッキングオーダー理論である。この理論では、経営者は投資の資金調達において、まず①内部資金（企業が稼いだ利益）の範囲内で賄おうとし、どうしても外部資金が必要ならば、まず②負債、最後に③株主資本（増資）という順番で調達すると考える。株式による資金調達は、経営者と株主の間で情報の非対称性の度合いが強く、増資が株価のネガティブな反応を招くからである。内部資金は、企業にとっては、株主資本（自己資本）に分類されるため、上記の優先順位では、①（内部）株主資本、②負債、③（外部）株主資本となり、業績が良い企業が負債をあまり活用しないことが説明できる。トレードオフ理論とペッキングオーダー理論は、どちらかが正しいというわけではなく、場合に応じて、どちらの要素がより強く表れるかが変わってくると考えるべきだろう。

第8章 コーポレートファイナンス

3 株主還元(配当)政策

> 株主還元(配当)政策は、企業がどの程度配当、自社株買いするかについての理論である。配当政策に関するMM理論は、完全競争市場下で株主還元政策は企業価値と無関係であるとするが、現実社会では、投資家に対する情報効果、経営者のインセンティブ、株主への課税の影響等を勘案して、株主還元政策を決定する必要がある。

コーポレートファイナンスにおける最重要テーマのもう1つとして、株主還元(もしくは配当)政策がある。これは、資本構成の中でも株主資本に焦点を当てたものである。具体的には、企業が税引後利益の中からどの程度を配当、もしくは自社株買いすれば、より企業価値を高めることができるかについての理論である。

■株主還元政策と企業価値:MMの配当政策無関係命題

株主還元には、大きく分けて配当と自社株買いがある。どちらも企業全体で見ると、企業の保有する現金を株主に対して支払う行為であるが、配当が株主全員にその持分に応じて現金を支給するのに対し、自社株買いでは特定の株主からその保有株式を買い取ることによって、売却に応じた株主のみに現金が支払われる点に特徴がある。

株主還元政策が企業の価値にどのような影響を与えるのかについては、スタート地点となる議論として、本章2で説明したモディリアニ・ミラーの配当政策に関する命題(配当に関するMM命題と呼ばれる)がある。ここでも、完全競争市場という、税が存在せず、情報の非対称性がなく取引コストのない世界(詳細は本章2を参照)において、配当政策は企業価値と無関係であることを示している。MMの元論文では、配当政策のみについて言及しているが、自社株買いについても完全競争市場においては、企業価値に影響を与えない。

■株主還元政策と企業価値:情報の非対称性と経営者のインセンティブからの影響

資本政策の時と同様、MM理論の前提のいくつかを緩和すれば、株主還元政策は企業価値に影響を与える可能性が生じる。まず、経営者と投資家の間に情報の非対称性が存在する実社会では、配当や自社株買いは、投資家にメッセージを送る情報(シグナリング)効果がある。例えば、配当を増やすという意思

決定は，安定した将来のキャッシュフローへの自信を経営陣が持っていることを示唆する。経営者が，自社株買いを発表するということは，現在の自社の株価が割安だと経営者が判断していることを示唆する。このような，情報面でのメッセージは多くの場合，企業価値にプラスであるが，創業期に無配当で自社への再投資を続けてきた企業が，投資案件が頭打ちになって配当を開始するケースなどでは，企業価値にマイナスの影響を与える可能性もある。いずれにせよ，配当や自社株買いにこめられたメッセージによって，市場の株価が反応し，企業価値が変化するわけである。

　株主還元を充実させることには，企業経営者の手元に残る現金を減らし，浪費を防ぐという意味合いもある。MMの完全競争市場において，株主還元政策が企業経営者のインセンティブに影響を与えないという前提を緩和すると，一般に，潤沢な現金がないということは，経営陣に緊張感を与え，企業の価値を高める可能性がある。一方で，本章2で述べたような，財務的困難のコストを上昇させる可能性もある。株主還元政策は，必ずしも資本政策と独立ではなく，場合によっては株主還元で不足した現金を外部から資金調達する必要もあることから，負債政策への影響を見ながら株主還元政策を考えなければならない。

■株主還元政策と企業価値：税の影響

　株主還元政策を考えるうえで，もう1つの重要な要素は，MMでは存在しなかった税である。投資家に対する配当とキャピタルゲイン（株式値上がり益）の税率には差があることも多く，このことは投資家の税引後の収益率に影響を与える。例えば，配当に対する課税率が，キャピタルゲインの課税率よりも高い場合には，配当を増加させることは，株主の税引後の収益率にマイナスの影響を与え，ひいては企業価値を損ねる結果を招く可能性がある。このような場合には，株主還元の手段として，自社株買いのほうが，配当よりも有用だと考えられる。課税率は，株主が個人か，事業法人か，機関投資家かによっても異なるため，税の面から株主還元政策を考える場合には，株主構成も含めての判断が必要になるであろう。

第8章 コーポレートファイナンス

4 資本コストと企業価値評価

> 企業の投資や企業全体の価値を評価する際に，頻繁に用いられる割引率が，税引後加重平均資本コスト（WACC）である。これは，企業の資本構成を念頭に，税効果を加味した「平均的資本コスト」である。エンタプライズDCF法では，企業の予想フリーキャッシュフローを，税引後WACCで割り引いて，事業価値を求める。

本章2で資本政策を論じたが，資本政策は資金調達をスムーズにするという観点のみからではなく，企業が投資を意思決定したり（本章1参照），外部から企業を評価したりする際の資本コスト（割引率）に対しても重要な影響を与える。ここでは，企業によって選択された資本構成の下で，企業の資本コストがどのように計算されるか，またその資本コストを用いてどのように企業の価値が算定されるかについて説明する。

■税引後加重平均資本コスト（WACC）

企業が自社の標準的な投資を評価したり，外部者が企業を評価したりする際に，最も頻繁に用いられる割引率は，税引後加重平均資本コスト（WACC：Weighted Average Cost of Capital）である。これは，企業の負債・株主資本の構成を念頭に，負債の節税効果を加味した資本コストを資本構成比で加重平均して得られる，いわば「企業の平均的な資本コスト（割引率）」である。具体的には，以下のような計算式で求められる。

$$\text{WACC} = r_D \times (1-t) \times \frac{D}{D+E} + r_E \times \frac{E}{D+E}$$

ただし，r_D：負債の税引前資本コスト，r_E：株主資本の資本コスト，t：法人税率，$\frac{D}{D+E}$, $\frac{E}{D+E}$：各々，当該企業の時価ベース目標負債構成比，株主資本構成比

ここで，負債の資本コストのみに $(1-t)$ が乗されている部分は，負債の節税効果により，実質的に企業の負担する負債の資本コストが，低下することを反映している。なお，r_D は，通常当該企業の推定社債格付に対応する社債利回り，r_E は，国債金利（リスクフリー金利）と当該企業の推定ベータ値を基に資本資産価格モデル（CAPM，第3章6参照）から求めたものを用いることが多い。

■DCF法による企業価値計算と税引後加重平均資本コスト（WACC）

　税引後WACCを用いて、企業の価値を算定する手法として、広く用いられているのが、ディスカウント・キャッシュフロー（DCF）法である。DCF法にはいくつかの種類があるが、最も利用されるのは、エンタプライズDCF法といい、企業の事業から発生すると予想されるキャッシュフロー（予想フリーキャッシュフロー）を税引後WACCで割り引いて、事業全体の価値を求める手法である。

　フリーキャッシュフローは、事業が生み出すと予想される営業利益に金利の節税効果がなかった（企業が無借金である）と仮定した場合の法人税を差し引いて求めた「予想税引後営業利益（NOPAT）」から、将来の成長に必要な投資にかかるキャッシュフローを引いたものである。負債や株主資本の提供者に還元することのできるキャッシュフローの合計といってもよい。一般的には、予想NOPATは、将来の各年度の予想営業利益×（1－法人実効税率）で求められ、そこから増加運転資本と営業用固定資産の純増額（新規投資総額－減価償却費）を差し引いたものが、フリーキャッシュフローとなる。（その他、実際には細かい調整項目があるが、詳細は巻末の参考文献を参照されたい。）

　今後企業や事業から発生する予想フリーキャッシュフローを、WACCで割り引き、すべて合計すると、事業の価値が求められる。なお、一定期間で終了する個々の事業案件ではなく、企業全体を評価する場合には、今後永遠に存続すると考え、一定（t年間）の予想期間終了後以降に発生するフリーキャッシュフローが、毎年一定の成長率（g）で増加すると考えて一括計上する式が用いられることが多い。以下の式の最後の項が、その一括計上部分である。

　　事業価値
$$= \frac{FCF_1}{1+WACC} + \frac{FCF_2}{(1+WACC)^2} + \cdots + \frac{FCF_t}{(1+WACC)^t} + \frac{FCF_t \times (1+g)/(WACC-g)}{(1+WACC)^t}$$

　事業価値が求められた後、仮に企業に事業に必要でない資産（遊休資産や営業外の現預金など）があれば、それを加算すると「企業価値」が求められる。株主資本の価値を求めたい場合には、そこから有利子負債残高を差し引くことで理論的な株主資本の価値が計算される。

第8章 コーポレートファイナンス

5 企業財務とエージェンシー問題

> 株主と経営者の間での利害の不一致のため，株主価値最大化を実現しない意思決定が経営者によって行われることを，所有と経営の分離に伴う株主と経営者の間のエージェンシー問題という。フリーキャッシュフローを用いた過大投資の問題などがその一例である。

■エージェントとプリンシパル

エージェント（代理人）と呼ばれる経済主体が，プリンシパル（依頼人）と呼ばれる経済主体のために行動する場合，プリンシパル・エージェント関係，あるいはエージェンシー関係があるという。コーポレートファイナンスやコーポレート・ガバナンスで取り上げるエージェンシー関係としては，プリンシパルとして資金の拠出者である株主，エージェントとして資金の拠出を受ける一方で株式を保有していない経営者，というパターンが典型的である。エージェントである経営者は，プリンシパルである株主の利益を最大化するよう行動することが期待される。しかし経営者の持株比率が低い場合，株主と経営者の間での利害の不一致が生じる可能性が高く，株主価値最大化を実現しない意思決定が，経営者によって行われるという問題が生じる。これが，所有と経営の分離に伴う株主と経営者の間のエージェンシー問題である。

■エージェンシー問題の発生する理由

エージェンシー問題が発生する理由としてはまず，株主と経営者の間の情報の非対称性の問題がある。これは，プリンシパル・エージェント間に情報格差が存在することで発生するもので，具体的には隠された情報の問題（逆選択）と隠された行動の問題（モラルハザード）がある。隠された情報の問題とは，企業の将来収益やリスクに関する情報，経営者の能力の高さなどについて，経営者は知っていても外部の投資家は知らないために取引が非効率になることを指す。他方隠された行動の問題とは，経営者の行動について経営者自身は知っていても外部者である株主は観察不可能であることから，経営者によるモラルハザードのインセンティブが生じ，取引が非効率化するという問題である。

ここで，経営者が取ることができるすべての行動と成果の配分方法について株主と事前に契約が結べれば，経営者にとって望ましくても株主には望ましくない行動を抑制できるかもしれない。しかし，予想されるすべての状態に対し

て曖昧さのない形で契約を書くことは実際には困難であるため，経営者にのみ望ましい行動を取ることを事前に株主が制限することはできない。これが，不完備契約の問題と呼ばれるもので，エージェンシー問題の発生原因のひとつと考えられる（Shleifer and Vishny[1997]）。

■**資本構成とエージェンシー問題：過大投資と負債比率**

エージェンシー問題は企業の資本構成に様々な形で影響を与える（Matos[2001], Stein[2003], Tirole[2006]）。ここではひとつの例として，経営者による株主価値の上昇につながらない企業規模の追求，すなわち過大投資の問題と資本構成の関係について考える。今，経営者が規模を追求することは，株主利益にはつながらない一方，経営者自身の便益（経営者の私的便益と呼ばれる）を増加させるとする。情報の非対称性の問題や不完備契約の問題により経営者の私的便益の追及を抑制できないならば，外部の資金供給者は経営者の過大投資を恐れて資金供給量を減少させるだろう。その結果，過大投資の可能性は企業内部のフリーキャッシュフローの大きさに比例して上昇する。というのも，企業内部のフリーキャッシュフローについては，事前に経営者に最適な使用方法を強制することは困難であるため，フリーキャッシュフローが増えるほどそれを用いた過大投資が行われる可能性が高まるのである。これが，フリーキャッシュフロー問題である（Jensen[1986]）。そしてフリーキャッシュフロー問題が予想されると株主は，企業に対して高い負債比率を求めることが合理的となる。負債比率の上昇に伴って企業の利払いが増加するため，企業内の内部資金は減少する。その結果として，株主は経営者による企業価値を低下させる過大投資を防ぐことが可能となるのである。

第8章 コーポレートファイナンス

6 内部資本市場

> 内部資本市場とは，1つの企業組織内の複数の事業部門間での資金のやり取りを意味しており，投資家や銀行といった外部の経済主体から各事業部門が独立に資金を調達するケースと比較して，企業全体として一括して資金調達した後に各事業部門に資金を配分する内部資本市場がどの程度効率的であるかが問題となる。

　企業組織の多角化は内部資本市場（Internal Capital Markets）を生み出す。内部資本市場とは，1つの企業組織内の複数の事業部門間での資金のやり取りを意味しており，投資家や銀行といった外部の経済主体から各事業部門が独立に資金を調達するケースと比較して，企業全体として一括して資金調達した後に各事業部門に資金を配分する内部資本市場がどの程度効率的であるかが問題となる（Stein[2003]）。

■内部資本市場が機能するケース：スマートマネー効果

　利用可能な資金量を所与とした場合に，内部資本市場を利用することで外部から資金を調達するよりも効率的な資金配分が実現する要因として，「スマートマネー効果」の存在が挙げられる。スマートマネー効果が機能するには次の条件が必要である。まず，企業全体を統括する部門（以下，トップマネジメント）が企業内の各事業部門の収益性やリスクなどの情報を持っている必要がある。さらに，トップマネジメントが各事業部門に，そうした情報にもとづいて効率的に資金を配分できる必要がある。とりわけ各事業部門と外部資本市場の間に情報の非対称性が存在する場合，この2つの条件が成立する下では，内部資本市場を利用することで，各事業部門において効率的な投資の実現が可能になる（Stein[1997]）。

■内部資本市場が機能しないケース：組織の「社会主義化」

　内部資本市場を利用することが，各事業部門が独立に外部から資金を調達する場合よりも非効率的な資金配分につながる可能性が高い場合もある。各事業部門の責任者間で利益相反が存在し，トップマネジメントとこれらの事業部門責任者の間でエージェンシー問題が存在する場合には，内部資本市場を用いた資源配分は非効率的になる。例えば，収益性の低い事業部門がトップマネジメントに対して予算の配分や部の存続を求める活動を積極化させるとする。この

ようなレントシーキング活動が一定規模を超えると企業全体の効率性が低下するため，収益性の低い事業部門に対して，レントシーキング活動を行わせない見返りとして過大な資金が配分されるかもしれない。この場合企業全体で見ると，収益性が低い部門へ過大な資金が配分される一方で収益性の高い部門へ配分される資金は過少となっており，1つの企業内で過少投資と過大投資が並存する状況が生まれることになる。こうした状況は，内部資本市場の「社会主義化」の問題と呼ばれる（Rajan, Servaes, and Zingales[2000]）。

■内部資本市場の効率性の決定要因

　外部資本市場を利用した場合に比べて，内部資本市場を利用することがより株主価値を高めるかどうかを決定するうえで重要なのが，資金配分を司るトップマネジメントに対する外部資本市場の規律付けの有無である（Sharfstein and Stein[2000]）。企業グループ全体として外部からの規律付けが働いている場合には，内部資本市場において非効率的な資金配分が行われる可能性は低い。他方，規律付けが弱い場合には，企業組織内部の問題の解決を優先させて，非効率的な資金配分が実施されるかもしれない。また，企業の事業範囲が相互に関連する事業に絞り込まれている場合のほうが，効率的に事業選択が行われる可能性が高まる（Stein[1997]）。実際，ディスカウントストア部門と専門店部門という関連する事業部門を同時に持つ企業は，どちらか1つだけを持つ企業よりも外生的な負のショックが生じた際に効率的に資金配分を行っていることが示されている（Khanna and Tice[2001]）。さらに，金融市場が発展している国，とりわけアメリカでは，内部資本市場を通じた資金配分の重要性は低い一方，新興国など金融市場の発展の程度が低い地域では相対的に，効率的な資金配分の観点から見て内部資本市場の重要性が高いことが指摘されている（Almeida et al.[2015]）。

第8章 コーポレートファイナンス

7 企業支配権市場

> 企業の合併・買収（M&A）が行われる市場はしばしば，企業支配権市場と呼ばれる。M&Aは企業間での支配権の売買であり，企業支配権市場とは様々な経営者が互いに企業の経営権を競っている市場であると考えることができる。敵対的買収の脅威は，分散した株主所有構造の下で経営者を規律付ける方法のひとつと考えられる。

　企業の合併・買収（Merger & Acquisition：M&A）が行われる市場はしばしば，企業支配権市場（Market for Corporate Control）と呼ばれる（Manne[1965]）。

　M&Aは企業間での支配権の売買と考えられ，企業支配権市場とは様々な経営者が互いに企業の経営権を競っている市場であるといえる。なお企業の支配権とはここでは，企業の経営資源の使用方法を決定する権利であるとする。企業支配権市場では株主は，競い合う経営者を評価して株式を売買する存在であり，経営者は株主の利益最大化という制約の下で企業の経営資源の使用方法を決定すると考えることができる。こうした見方は，株主が企業を支配し最適な経営資源の使用を決定する，という考え方とは対照的である（Jensen and Ruback[1983]）。

■敵対的買収

　企業支配権市場をめぐる論点として重要なもののひとつが，敵対的買収の問題である。敵対的買収とは，対象企業の取締役会が買収提案に対して賛成を表明していない状況での買収を意味する。

　株式所有構造が分散しており，個々の株主の持分が極めて少ない場合，株主による経営者に対する規律付けは困難になることが予想される。この時，敵対的買収はこのような分散した株主所有構造の下で経営者を規律付ける方法のひとつと考えられる（Becht et al.[2003]）。買収企業が対象企業の発行済み株式の過半数以上を市場から買い取ることで敵対的買収が成功すると，議決権の過半数以上を保有することから，買収企業は買収に反対していた対象企業の経営者を含む取締役会メンバーを入れ替えることができる。他方，企業の買収にあたって買い手企業が買収対象企業の株主に支払う買収価格は，対象企業の市場価格に一定の上乗せをした価格（上乗せ分をプレミアムと呼ぶ）となることが多い。プレミアムを加えることで，買い手企業は買収対象企業の株主に対して

株式を売却するインセンティブを与えているのである。したがって各企業の経営者は、敵対的買収の潜在的脅威を感じるほど、買収を防ぐべく株価を上昇させるインセンティブを持つことになる。

敵対的買収は米国市場を中心として1980年代に数多く観察されたが、1990年代に入ると急激にその数を低下させている。その原因としては、マクロ経済の成長率の低下に加えて、買収防衛策を多くの企業が採用したことなどもその原因として指摘されている（Betton et al.[2008]）。

■買収防衛策

1980年代の米国において敵対的買収の増大に対抗する目的で各種の買収防衛策が導入されて以来、その是非をめぐって議論がなされている。主要な論点は、買収防衛策は株主価値を上昇させるのか、それとも低下させるのかである。

買収が成功した場合に地位を失う可能性が高い経営者は、自らの地位を守るために買収防衛策を使用するインセンティブを持つ。ここで、経営権の変更が株主価値の上昇につながるとすれば、買収防衛策の導入はそのような株主価値の上昇を阻害する要因となる。すなわち既存株主にとっては、買収防衛策の導入によって将来買収プレミアムを受け取ることができる機会を失うことから、買収防衛策導入は株主価値の低下につながる。

他方で買収防衛策は、既存株主が不十分なプレミアムしか受け取れない低い買収価格が提示される事態を避けるべく、現経営陣が買収者に対する交渉力増大を目的としてを導入すると考える立場もある。この場合、買収防衛策は書いて企業に対する売り手企業の交渉力の上昇を通じて株主価値を増大させる。すなわちこのケースでは、買収防衛策はあくまで買収者からより高いプレミアムを引き出すための交渉道具として用いられており、経営者の保身が目的で導入されるわけではない。

第8章 コーポレートファイナンス

8 コーポレート・ガバナンスを巡る理論

> ガバナンスとは、組織が合意された目的の実現に向けて運営されることである。コーポレート・ガバナンスは、企業の組織と目的をどのようにとらえるかによって異なる理論が提示されてきた。企業と株主とのエージェンシー・モデル、多数のステークホルダー関係を重視したステークホルダー・モデル、両者の統合モデルがある。

■コーポレート・ガバナンスの定義

　企業とは、価値生産を目的として形成された組織である。コーポレート・ガバナンスとは、価値最大化に向けて企業が経営されることであり、ガバナンス・システムとは目的実現のために経営が監督される仕組みと定義される。企業活動のプロセスでは、経営者、株主、債権者、従業員、顧客、取引先など、多様の経済主体が直接・間接に関与するだけでなく、地域社会や自然環境に様々な外部効果をもたらし、同時に、社会的規範や制度・規制の影響を受ける。企業目的の実現には、将来の不確実性だけでなく、ステークホルダーとの関係がもたらす諸問題に対処して行かなくてはならない。

　コーポレート・ガバナンスを巡るこれまでの理論は、大きく2つに分けることができる。エージェンシー・モデルとステークホルダー・モデルである。

■エージェンシー・モデル

　エージェンシー理論は、企業関係者を情報優位に立つ代理人と情報劣位に立つ依頼人に分け、両者の関係に焦点を当ててガバナンスをとらえる。経営者は、専門的能力を用いて目的実現に向け企業を経営する代理人であり、株主など経営能力をもたないがリスクやコストを負担する主体は、代理人に経営を委ねる依頼人である。情報の非対称性のもとで依頼人の利益をどのように守るか、経営者に代理人の利益に即した行動をとらせるための監視（モニタリング）と動機づけ（インセンティブ）の仕組みがガバナンスである。

　コーポレート・ガバナンスを巡る議論の多くは、株式会社を対象としている。株式会社は、株式所有と経営の分離（有限責任でリスクを負担する株主と経営者の間の機能分担）と株式市場を介した所有の移転によって、大規模なリスク・ビジネスを実現する制度的工夫であり、経営者と株主との間のエージェンシー関係に焦点が当てられる。情報劣位に立つ株主の利益の保護、支配株主と少数株主との関係、所有分散による株主のフリーライダー化、コーポレート・

コントロール市場の機能など，株主利益の最大化を阻む諸問題への対処がガバナンスの課題となる。

■ステークホルダー・モデル

企業は，株主だけでなく多様なステークホルダーとの関係から成り立つ組織である。ステークホルダーとは，「組織の目的の実現に影響を与えうる，あるいは，それから影響を被るすべてのグループあるいは個人」（Freeman[1984]）である。ステークホルダー間の情報の非対称性や利害対立は，企業活動のリスクやコストを生み企業価値を棄損する。ステークホルダー・モデルでは，価値最大化のために，株主を含む多様なステークホルダーとの良好な関係を構築し利害をマネジメントする必要がある（Donaldson and Preston[1995]）。だが，多様なステークホルダーの利害を考慮した経営は企業の目的を曖昧にし，経営者の意思決定を混乱させ，むしろ不確実性を高めて株主利益を損なうとする批判は根強い（例えばSandaram and Ipken[2004]）。

■統合モデル

株主価値か，企業価値か。企業の目的をめぐるこうした議論に対して，Jensen[2001]は，「長期企業価値」という時間的概念を導入して，経済学の枠組みで両者の融合に一定の道筋をつけたといえる。企業の目的は，短期的な利益の追求ではなく，持続的に価値を生み出すことにある。長期企業価値をステークホルダー間の利害調整の基準とすることにより，多様なステークホルダーの利益の追求という目的の多様化を排し，株主と他のステークホルダーの利益を統合することが可能となる。長期企業価値という目的を共有するならば，持続的経営に向けて株主とその他ステークホルダーが協力し成果をシェアすることが可能となる。実務での関心が高いシェアド・バリューの考え方（Porter and Kramer[2011]），統合報告に向かう情報開示の流れや，企業と株主との間の協調と対話をベースとする最近のガバナンスの動きは，こうした理論の流れと一致するものである。

9 非財務情報・CSRと企業価値

> CSRに関する立場は多様だが，社会が直面する課題を把握し的確に対応できない企業は，短期的に利益を上げることができても長期的競争力を失う。環境，社会，ガバナンスへの取組みは革新力や信頼など企業の無形資産への投資である。非財務情報と財務情報を適切に企業価値評価に統合する，新たな情報開示が求められている。

■企業の社会的責任（CSR）とは

　企業は，価値生産主体であると同時に社会の一員であり，企業活動のプロセスで自然環境や社会に多大な影響をもたらす。社会的理念やルールの遵守と外部効果への対処は当然のこと，自然環境の保護，安心・安全，人権，健康など，社会が直面している課題への配慮は，企業の長期存続に不可欠であるという認識が広がっている。企業の社会的責任（Corporate Social Responsibility：CSR）に関する定義は多様だが，株主に対する経済的義務や法令遵守を超えて社会的要請に取り組む自発的行動を含み，外部効果の内部化を超えた広い概念であるという点では，一般的な合意が得られている（McWilliams and Siegel [2001]）。

■CSRと企業価値を巡る論争

　CSRに関して，2つの極端な見方がある。1つはFriedman[1970]に代表される新古典派経済学の立場であり「株主価値最大化アプローチ」である。企業は外部経済効果への対処を除いて社会的課題の解決に責任を負うべきではなく，企業資源を使って社会的活動を行うことは，株主利益に反し社会的資源の損失につながる。この対極には，社会的価値や倫理基準を優先する「倫理ベース・アプローチ」がある。企業は影響力をもつ社会の一員であるから，利益を犠牲にしても社会的課題の対処に責任ある行動をとるべきであるとする。

　こうした極端な見方に対して，CSRとは企業が任意に選択する社会的投資であり，社会のニーズや変化どのように対応するかは企業の経営課題とみなす，より現実的な見方が広がっている。これは，CSRの「ビジネス・ケース」と呼ばれ，責任ある行動に対する経営者の動機づけに注目する。社会的課題の解決を生産物特性や生産プロセスに取り込むことは，社会の持続可能性に適合した企業戦略である（McWilliams et al.[2006]）。例えば，自然環境に配慮した製品開発，エネルギー節約的な技術，雇用環境の改善や人的資源の啓発，製品の

安心・安全の追求は，企業の長期競争力の源泉であり企業価値の向上につながる。寄付行為などの社会貢献も，透明性と説明責任が果たされるならば企業の評判や信頼の確立に寄与し，持続的経営と将来の価値向上につながる。

■無形資産としてのCSR

ビジネス・ケースが正当化されるためには，企業価値の向上と社会的課題の解決を結びつけるメカニズムについて理論的な説明が必要である。1つの論拠は，CSRを，将来価値を生み出す企業資源への投資とみなす見方であり，「資源ベース論」（Resource Based Perspective：RBP）と呼ばれている。従業員の士気やイノベーション能力などの人的資源の質，社会との良好な関係，製品や企業への信頼や評判は，CSR活動を経済的パフォーマンスと結びつける無形資産と考えることができる（Surroca et al.[2010]）。

■リスクと非財務情報開示

金融市場は，公正な価格形成を通じてリスクを分散しビジネス・チャンスを実現する場を提供する。グローバル化と地球環境変化の中でリスクは多様化し，長期的なリスクを負担する投資家にとって，環境，社会，ガバナンス（ESG）に関連するリスクの評価が不可欠であるとの認識が広がってきた。投資家がリスクを負担して企業投資を支え，その見返りとして企業活動の成果を受け取る。この資本市場の本来の機能を取り戻すには，投資家の長期的判断を可能にする多面的な情報開示が不可欠である。

CSRに関する定義や理解は多様だが，企業は社会のニーズに対応し社会や環境に影響を与えて生産活動を行っている。企業は社会的課題と無縁ではありえず，経済的パフォーマンスと社会的影響や社会的成果の関連を適切に説明することが求められている。企業情報開示は，社会の持続可能性と企業価値との関連を一体的に把握できるように，財務情報と非財務情報を企業価値の評価に統合するための，「統合報告」に向かっている。

■第Ⅰ部基礎編の参考文献

第1章　資本市場とその機能
酒井良清・前多康男[2004]『金融システムの経済学』東洋経済新報社。
Bodie, Z. & Merton, R.[1999] *Finance*, Prentice Hall. (大前恵一朗訳『現代ファイナンス論』ピアソン・エデュケーション，2011年)
Brealy, R., Myers, S. & Allen, F.[2012] *Principles of Corporate Finance*, McGraw Hill. (藤井眞理子・国枝繁樹監訳『コーポレート・ファイナンス』日経BP社，2014年)
Fabozzi, F. J., Neave, E.H. & Zhou, G.[2011] *Financial Economics*, John Wiley & Sons, Inc.
Ross, S., Westerfield, R., Jaffe, J.[2013] *Corporate Finance*, 9ed. McGraw Hill. (大野薫訳『コーポレートファイナンスの原理』金融財政事情研究会，2012年)

第2章　市場構造と価格形成
宇野淳編著[2008]『価格はなぜ動くのか』日経BP社。
宇野淳・大崎貞和編著[2012]『証券市場のグランドデザイン』中央経済社。
太田亘・宇野淳・竹原均[2011]『株式市場の流動性と投資家行動』中央経済社。
Brunnermeier, M.K. & Pedersen, L.H.[2009], "Market liquidity and funding liquidity," *Review of Financial Studies*, 22, pp.2201-2238.
Kim O. & Verrecchia R.E. [1991], "Trading Volume and Price Reactions to Public Announcements," *Journal of Accounting Research*, 29(2), pp.302-321.

第3章　株式
大村敬一[2010]『ファイナンス論—入門から応用まで』有斐閣。
大村敬一・楠美将彦[2012]『ファイナンスの基礎』金融財政事情研究会。
久保田敬一・竹原　均[2007]「Fama-Frenchファクターモデルの有効性の再検証」『現代ファイナンス』22, pp.3-23
Banz, R. W. [1981], "The Relationship Between Return and Market Value of Common Stocks," *Journal of Financial Economics*, 9(1), pp.3-18.
Fama, E. [1965], "Random Walks in Stock Market Prices," *Financial Analysts Journal*, 21(5), September-October, pp.55-59.
Fama, E. [1970], "Efficient Capital Markets: A Review of Theory and Empirical Work," *Journal of Finance*, 25(2), pp.383-417.
Fama, E. [1991], "Efficient Capital Markets: II," *Journal of Finance*, 46(5), pp.1575-1617.

Fama, E. & French, K.[1992], "The Cross-Section of Expected Stock Returns," *Journal of Finance*, 47, pp.427-465.

Fama, E. & French, K.[1993], "Common Risk Factors in the Returns on Stock and Bonds," *Journal of Finance*, 47, pp.427-465.

Jegadeesh, N. & Titman, S.[1993], "Returns to Buying Winners and Selling Losers: Implications for Stock Market Efficiency," *Journal of Finance*, 48(1), pp.65-91.

Lintner, J.[1965], "The Valuation of Risk Assets and the Selection of Risky Investments in Stock Portfolios and Capital Budgets," *Review of Economics and Statistics*, 47(1), pp.13-37.

Mossin, J.[1966], "Equilibrium in a Capital Asset Market," *Econometrica*, 34(4), pp.768-783.

Sharpe, W. F.[1964], "Capital Asset Prices: A Theory of Market Equilibrium under Conditions of Risk," *Journal of Finance*, 19(3), pp.425-442.

Stattman, D.[1980], "Book Values and Stock Returns," *The Chicago MBA: A Journal of Selected Papers*, 4, pp.25-45.

第4章　債券

大山慎介・杉本卓哉［2007］「日本におけるクレジット・スプレッドの変動要因」、日本銀行ワーキング・ペーパーシリーズ、No.07-J-1。

大山慎介・本郷保範［2010］「日本の社債発行スプレッドの変動要因」、日本銀行ワーキング・ペーパーシリーズ、No.10-J-10。

森平爽一郎［2009］『信用リスクモデリング―測定と管理』朝倉書店。

Merton, R. C.[1974], "On the Pricing of Corporate Debt: The Risk Structure of Interest Rates," *The Journal of Finance*, 29(2), pp.449-470.

Tuckman B.[2002] *Fixed Income Securities, (2nd Edition)*, John Wiley & Sons, Inc. (四塚利樹・森田洋訳『債券分析の理論と実践』東洋経済新報社、2012年)

第5章　アセットプライシング

池田昌幸［2000］『金融経済学の基礎』朝倉書店。

Hansen, L. & Jaganathan, R.[1991], "Implications of Security Market Data for Models of Dynamic Economies," *Journal of Political Economy*, 99, pp.225-262.

Mehra, R. & Prescott, E.[1985], "The Equity Premium: A Puzzle," *Journal of Monetary Economics*, 15, pp.145-161.

Negishi, T.[1960], "Welfare Economics and Existence of An Equilibrium for a Competitive Economy," *Metroeconomica*, 12, pp.92-97.

Poon, S. & Stapleton, R.[2005], *Asset Pricing in Discrete Time*, Oxford University

Press.

Ross, S.A. [1976], "The Arbitrage Theory of Capital Asset Pricing," *Journal of Economic Theory*, 13, pp.341-360.

Ross, S.A. [1977], "Return Risk and Arbitrage," In I. Friend and J. Bicksler, eds. *Studies in Risk and Return*, Ballinger Publishing, Cambridge, Mass.

第6章　デリバティブ（先物，オプション）

大村敬一［1988］『オプション　理論と応用』東洋経済新報社。

大村敬一［2010］『ファイナンス論―入門から応用まで』有斐閣。

大村敬一・楠美将彦［2012］『ファイナンスの基礎』金融財政事情研究会。

Bodie, Z. & Merton, R. [1999] *Finance*, Prentice Hall（大前恵一朗訳『現代ファイナンス論』ピアソン・エデュケーション，2011年）

Cox, J. C. & Rubinstein, M. [1985] *Options Market*, Prentice Hall（仁科一彦監訳『オプション・マーケット』HBJ出版局，1988年）

Chacko, G. C., Anders S., Hideto M. & Vincent D. [2006] *Credit Derivatives: A Primer on Credit Risk, Modeling, and Instruments*, Pearson Prentice Hall（中川秀敏監訳, 本橋英人・長谷川嘉成・柴田裕俊訳『クレジットデリバティブ：信用リスク商品ハンドブック』，ピアソン・エデュケーション，2008年）

Fabozzi, F. J., Neave, E.H. & Zhou, G. [2012] *Financial Economics*, John Wiley & Sons, Inc.

Hull, J. C. [1995] *Introduction to Futures and Option Markets, (3rd Edition)*, Prentice Hall.（小林孝雄監訳『先物・オプション取引入門』ピアソン・エデュケーション，2001年）。

Hull, J. C. [2014] *Options, Futures, and Other Derivatives (9th Edition)*, Prentice Hall.（三菱UFJ証券市場商品本部訳『フィナンシャル エンジニアリング―デリバティブ取引とリスク管理の総体系―』金融財政事情研究会，2009年）

StuIzer. [2014], "The Formula That Felled Wall Street? An Instructor's Guide to Default Modeling". *Journal of Financial Education*, 40, no.1/2 pp.1-13.

第7章　行動ファイナンス

俊野雅司［2004］『証券市場と行動ファイナンス』東洋経済新報社。

俊野雅司［2015］「証券市場のアノマリー」『成蹊大学経済学部論集』第46巻第1号 pp.109-132。

Kahneman, D. [2012] *Thinking, Fast and Slow*, Penguin（村井章子訳『ファスト&スロー』早川書房，2012年）

Kahneman, D. & Tversky, A. [1979], "Prospect Theory: An Analysis of Decision

under Risk," *Econometrica*, 47, pp.263-291.
Shleifer, A.&Vishny, R. [1997], "The Limits of Arbitrage," *Journal of Finance*, 52, pp.35-55.
Thaler, R. [1985], "Mental Accounting and Consumer Choice," *Marketing Science*, 4, pp.199-214.
Tversky, A.&Kahneman, D. [1974], "Judgment under Uncertainty: Heuristics and Biases," *Science*, 185, pp.1124-1131.
Tversky, A.&Kahneman, D. [1992], "Cumulative Prospect Theory: An Analysis of Decision under Uncertainty," *Journal of Risk and Uncertainty*, 5, pp.297-323.

〔第8章〕 コーポレートファイナンス

Almeida,H., Kim,C.S., & Hwanki,B.K. [2015]"Internal Capital Markets in Business Groups: Evidence from the Asian Financial Crisis," Journal of Finance, 70, pp.2539-2586.
Becht,M.,Bolton,P.&Roell,A. [2003], Corporate Governance and Control. in G.M.Constantinides, M.Harris, and R.M.Stulz eds, Handbook of the Economics of Finance, Volume 1, Elsevier, pp.1-109.
Betton,S.,Eckbo,B.E.&Thorburn,K.S. [2008], Corporate Takeovers. in B.E. Eckbo eds, Handbook of Empirical Corporate Finance, Volume 2, Elsevier pp.291-429.
Donaldson,T. and Preston, L.E. [1995], "The Stakeholder Theory of the Corporation: Concepts, Evidence and Implication", *Academy of Management*, 20/1: pp.65-92.
Freeman, R.E. [1984], *Strategic Management: A stakeholder Approach*, Boston, MA: Pitman.
Friedman, M. [1970], New York Times Magazine of the 13th September.
Jensen, M. C. [1986], "Agency Costs of Free Cash Flow, Corporate Finance, and Takeovers.", *American Economic Review*, 76, pp.323-339.
Jensen, M. C. [2001], "Value maximization, stakeholder theory, and the corporate objective function", *Journal of Applied Corporate Finance*, Vol. 14 No.3, pp.38-21.
Jensen, M. C.&Ruback, S. [1983], "The Market for Corporate Control.", *Journal of Financial Economics*, 11, pp.5-50.
Khanna, N.& Tice.S. [2001], "The Bright Side of Internal Capital Markets.", *Journal of Finance*, 56, pp.1489-1527.
Manne, H.G. [1965] "Mergers, and the Market for Corporate Control.", *Journal of Political Economy*, 73 pp.110-120.
Matos, J. A. [2001] *Theoretical Foundation of Corporate Finance*, Princeton University Press.

McKinsey & Company Inc., Tim Koller, Marc Goedhart and David Wessels [2015] *Valuation: Measuring and Managing the Value of Companies, (6th Edition)*（本田桂子監訳『企業価値評価—Valuation 上・下〈第5版〉』ダイヤモンド社, 2012）。

McWilliams, A. & Siegel, D. S. [2001] "Corporate social responsibility: A theory of the firm perspective." *Academy of Management Review*, 26(1), pp.117-127.

McWilliams, A., Siegel, D. S. & Wright, P. M. [2006] "Corporate social responsibility: Strategic implication.", *Journal of Management Studies*, 43(1), pp.1-18.

Porter, M. E. & Kramer, M.R. [2011], "Creating Shared Value", *Harvard Business Review*, January-February, 1-11.

Rajan, R.G., Servaes, H. & Zingales, L. [2000], "The Cost of Diversity: the Diversification Discount and Inefficient Investment.", *Journal of Finance*, 55, pp.35-80.

Sandaram, A. K. & Ipken, A. C. [2004] The Corporate Objective Revisited Organization Science Vol. 15, No.3, pp.350-363

Sharfstein, D. & Stein, J.C. [2000], "The Dark-side of Internal Capital Markets: Divisional Rent-seeking and Inefficient Investment.", *Journal of Finance*, 55, pp.2537-2567.

Shleifer, A. & Vishney, R. [1997] "A Survey of Corporate Governance", *Journal of Finance*, 52, pp.737-783.

Stein, J.C. [1997], Internal "Capital Markets and the Competition for Corporate Resources.", *Journal of Finance*, 52, pp.11-133.

Stein, J.C. [2003], Agency Information and Corporate Investment. in G. M. Constantinides, M. Harris, and R.M.Stulz eds, *Handbook of the Economics of Finance, Elsevier* pp.111-165.

Surroca, J. J.A.Tribo & Waddock, S. [2010] Corporate Responsibility and Financial Performance: the Role of Intangible Resources, *Strategic Management Journal*, 31, pp.463-490.

Tirole, J. [2006] *The Theory of Corporate Finance*. Princeton University Press.

第 II 部

応用編

第 9 章　保険およびデリバティブによる
　　　　リスク管理
第10章　不動産ファイナンス
第11章　計量ファイナンス
第12章　ファイナンスと税
第13章　ファイナンスと法
第14章　ファイナンスと会計（管理会計）
第15章　日本の金融機関の課題

第9章 保険およびデリバティブによるリスク管理

1 信用リスクの測定と管理

> 信用リスクは一般には直接観察できない。このため，デフォルト確率，デフォルト時損失率，デフォルトあるいは資産相関などを観察可能なデータから間接的に測定をする。さらに，これらの信用リスク量を統合し，損失分布を描き，確率は低いものの生じれば巨額の損失を起こす可能性を信用VaRとして，必要自己資本の算定を行う。

　信用リスクを測定し，そのリスク尺度のもとで企業価値を最大にするようなリスク管理は図9−1のような枠組みを必要とする。この図に示された4つのリスク尺度とは次のようなものである。

1．**デフォルト時投資（融資）額（EAD：Exposure At Default）**：投資あるいは貸付先が財務的困難（デフォルト）に遭遇した時の投資額や貸付額の推定値を指す。銀行融資や社債の場合などその推定は容易であるが，借入枠などのオプション条項を含む資産などの場合は注意が必要である。

2．**デフォルト確率（PD：Probability of Default）**：投資や融資先が，例えば1年後にデフォルトする確率を推定する。上場企業の場合は，構造アプローチに基づき株価からPDを推計することができるが，非上場企業の場合には，過去のデフォルト・非デフォルト実績と，当該企業の財務諸表情報をもとにしたロジット回帰分析などの統計手法を用いて推計する。

3．**デフォルト時損害率（LGD：Loss Given Default）**：デフォルトが生じたという条件の下で，投資や融資額の何割が貸倒れになるかを示した数値であり，1から回収率を差し引いたものとしても計算できる。LGDの推定は，分析に足るだけの十分なデフォルトデータを得ることができないこと，LGDの大小に影響をする要因の特定化とその測定が難しいことと相まって，いまだ十分な分析が行われているとはいえない。

4．**デフォルト相関と資産相関（R：Correlation）**：これら等は「共倒れ」リスクを示す信用リスク尺度である。信用リスクに対処するためには，投資先や融資先を分散させる必要があるが，互いに相関が高いものに投資をすれば，分散投資の利点を享受することは難しくなる。融資先がデフォルトする（1）かしないか（0）を示す（1,0）変数間のベルヌイ相関係数や，構造モデルの観点からデフォルトを引き起こす企業間の資産価値の相関を測定する必要がある。しかし，デフォルトは通常1回限りの現象であること，資産価値の「相関」は

図9－1　4つの信用リスク尺度とそれを統合した経済資本の測定

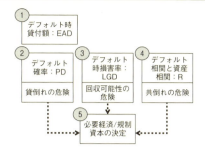

上場企業であっても簡単には観察できないことから，デフォルト相関，資産相関の推定は極めて難しいが，最近は様々な手法が開発されている。

■信用リスクの管理：損失分布を描き，リスク削減手段を考える

4つの尺度を用いて貸倒れ損失額の分布を描く。このためにはモンテカルロ・シミュレーション手法を用いることが多い。デフォルトは，起きる確率は非常に低いが，いったん生じれば多額の貸倒れ損失を計上しなければならない。そのため裾野が厚い（fat tail）損失分布を考える必要がある。損失分布が計測できれば，損失分布の形状が今後変わらないと仮定したときに，例えば，千年に1回生じる確率のもとでの損害額の見積もりを示す99％信用VaR（Value at Risk）を計算することができる。

最終的に，信用VaRと上で述べた4つの信用リスク量を統合して，適切な自己資本比率を確保することが信用リスク規制上求められている。

もし，要求自己資本比率を達成することが困難な場合，信用リスクの高い融資や投資を削減すること，既存の資産や融資の売却，分散投資や分散融資の推進，信用保険やクレジットリスクデリバティブの利用といった信用リスク管理が必要になる。他方，こうした分析の枠組みは，社債や融資ばかりでなく，住宅ローンや消費者ローン，ソブリン投資などにも適用可能であるが，貸付期間の長短，担保の存在，期限前返済と信用リスクの間の相関，などの問題を加味し分析する必要がある。

第9章 保険およびデリバティブによるリスク管理

2 市場リスクの測定と管理

> 上場企業の株式，国債，外国通貨などは市場で売買がなされている資産であり，それらが抱えるリスクは価格に反映されている。市場性のある資産の価格変動を，いくつかの方法を用いて確率分布で表現する。さらに，起きる確率は低いが，多額の損失が発生するような事態を市場VaRで表現し，必要自己資本量を算出する。

■市場リスク（Market Risk）とは？

　株や債券，通貨，あるいは商品（Commodities），あるいはそれらの先物やオプションなどのデリバティブなどは，多くの場合，市場で活発に取引がなされており，その市場価格は日々広く一般に知ることができる。したがって，これらの資産の抱えるリスクは価格に反映されており，その価格変動が市場リスクである。問題は価格変動をどのように計測するかである。

■市場（価格変動）リスクの特徴とその測定

　市場リスクは，多くの場合，価格水準の変化よりも，価格変化率（収益率）の変動の大きさによって示される。具体的には，価格変化率の分散あるいは標準偏差によって行う。さらに，市場リスクは広く分散投資をしても完全に除去することはできない。分散投資をしても除去できないリスクであるシステマティックリスクを，収益率の相関や，より理論的に正しい尺度としてはベータ（β）によって表現する。

　資産のボラティリティを分散や標準偏差で測ることは，市場リスク尺度が一定であることを意味する。しかし，価格や収益率のボラティリティ，相関は，それ自身不確実な変動を示す。特に，ボラティリティはいったん高まるとそれが継続する（ボラティリティの自己回帰）ことや，ある時点のボラティリティは過去のボラティリティの移動平均によってよく説明できることが経験的に知られていた。こうしたことをモデル化するためにARCH（Autoregressive conditional heteroscedasticity mode）や一般化ARCH（Generalized ARCH）手法が開発され，こうしたリスク尺度に基づくリスク管理が行われるようになっている。

■ポートフォリオ分布と市場VaRの計測

　様々な資産市場リスクを統合的に測る尺度として，また規制上の市場リスク尺度として市場VaR（Value at Risk）を計測することが要求されている。市場VaRとは，過去の価格変化の実績データ，あるいはモデルから計算された価格変化に基づいてその確率分布を描いた時，例えば1％の確率（信頼限界）で資産価格がどのくらいの下落するかを示したものである。この市場VaRに基づく必要自己資本を実現することが規制上要求されている。

　VaRを計算するためには，金融機関が保有する多数の資産からなるポートフォリオの価格変化率の分布を描く必要がある。このために多くの手法が考えられているが，大きく分けて，①ヒストリカル・シミュレーション法と，②モデル構築（分散共分散）法の2つがある。

ヒストリカル・シミュレーション法：ヒストリカル法とは過去の実績データに基づく分析である。例えば，毎日の価格変化が将来も続くとして，多数回のシナリオに基づき将来確率分布を描く。ヒストリカル法は，その理解が容易であること，特定の確率分布を想定する必要がないこと，計算負荷が小さいことにより広く普及した手法となっている。

モデル構築法（分散共分散法）：数多くの資産の収益率変化を少ない数のファクターの線形関数として表現することにより，収益率の分布（分散・共分散）をファクター間の分散・共分散行列で表現できる。この方法の利点は，債券（金利デリバティブ）やオプションなど非線形性を有する資産であっても，適切な価格債券やオプションの価格決定モデルから算出される感応度（いわゆるGreeks）を用いて分布を描くことが可能になることや，マクロ経済ファクターが悪化した時のストレステストを行うことが容易であることである。

　しかし，VaRにはいくつかの問題点がある。第1の問題点は，VaRは加法性を有しないという点である。セクターごとに計算したVaRがポートフォリオ全体のVaRにならないという欠点がある。この問題を克服したリスク尺度として，TailVaR（条件付きVaR，CVaR）が提案されている。第2に，VaRそのものが不確実な変動を示すときに，どの様にして安定的な必要自己資本の算定に反映させるかという問題点がある。

第9章 保険およびデリバティブによるリスク管理

3 保険とファイナンスの融合

保険は，生命や病気，自然災害など，市場で取引されていないイベントリスクを取り扱う。こうしたリスクを分析する手法や考え方がファイナンス理論や金融工学の発展に寄与してきた。他方，保険会社が引き受けた大災害リスクやパンデミックリスクを金融市場を通じて転嫁しようとする試みも盛んに行われている。

■金融資産と比べた保険の特徴

伝統的な金融市場は，その売買を通じて価格や為替レートの価格変動リスクを交換する市場である。これに対し，保険市場は，生命や病気（生命保険や年金），交通（自動車，船舶，飛行機）事故，火災，地震や津波，風水害，信用リスク（信用保険）などの生起（イベント）リスクを取り扱う。また，保険は，価値の下がった資産を，保険会社に押し付ける（Putする）ことができる権利を意味しているので「プットオプション」とみなすことができる。他方，保険の対象になる（原）資産は市場で取引されていない。またデリバティブたる保険の売買市場も発達していないことから，保険市場は非完備市場である。さらに，保険会社，とりわけ生命保険会社は，債券や長期投資を志向する機関投資家である。

こうした保険や年金の特徴を背景として，保険学や保険数理（Actuarial Science）の分野では，金融とは異なるリスク管理や価格決定が行われてきた。その結果は新しいファイナンス理論を構築するために基礎となっている。

■ファイナンス理論に影響を与えた保険や保険数理論

Rubinstein [2006] で示されているようにファイナンス理論の基礎をなす現在価値の考え方，債券投資におけるDurationやImmunization戦略，生命表に基づくイベントリスクの期間構造やデフォルト強度（死力），極値理論の応用，VaR (Value at Risk) などの考え方は100年以上も前にすでに保険数理で明らかにされていた。

さらに，マルコビッツ（Harry Max Markowitz）のポートフォリオ理論以前の1940年に同様な理論がブルーノ・デ・フィネッティ（Bruno de Finetti）によって明らかにされている（Barone [2008]）。非完備市場における価格決定理論も，Gerber and Shiu [1996] で示されているように，初等の数理統計（積率母関数）の知識さえあれば理解し，ブラック＝ショールズなどの有名なオプション価格決定モデルを簡単に導くことができるエッシャー変換として提唱されている。サブプライム危機で有名になった不動産の証券化商品で使われた「コピュラ」も元は，

図9-2　大災害債券の期待損失額：実績と予測値（森平［2013］）

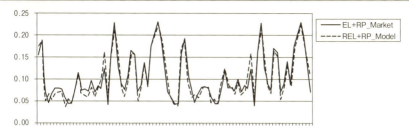

連生保険（夫婦が共に加入する生命予見や年金保険）のプライシングで用いられたものである（Li[2000], Stutzer[2014]）。このように，これまで保険や保険数理で用いられてきた多くの手法がファイナンス理論の発展に寄与している。

■ファイナンス市場を用いた保険リスクの転嫁

保険会社のリスク管理は，伝統的に大数法則に準拠した分散引受けと再保険市場を通じたリスク転嫁が主なものであった。しかし，起きる確率は小さいが，いったん生じれば多大な保険金支払いを必要とする「大災害（CAT）リスク」では，大数法則も効かないし，その再保険市場の引受け能力も限られている。こうした場合，資本市場を通じたリスクの転嫁が求められる。

図9-2は2010年第2四半期から11年第1四半期の間に発行された94銘柄の大災害債券の予想損失率（額面100に対する予想損失額）の実績値（実線）とWamg変換に基づく理論値（点線）を比較したものである。概ね実績値をモデルに基づく理論値がよく説明していることがわかる。

例えば，JA（農協）共済は，日本全土を対象にし，大地震が生じれば，その大きさによって，額面償還額が少なくなるような満期5年の大災害債券を2008年に発行した。この債券は大震災が生じなければその期間，LIBOR＋440bpsの金利という国債に比較すれば，かなり高い金利を支払うものであったが，満期まであと2ヶ月を残した時点で生じた東日本大震災により約300億円の全額面支払いが免除されることになった。こうした大災害債券は，世界中の地震や津波，ハリケーン（台風），風水害，あるいは感染症の大流行リスクなどを対象にして活発な発行がなされている。生命保険は売買不可能であるとされていたが，その証券化が行われている，金融資産との相関が低いこともあり，機関投資家の分散投資に適している。

第9章 保険およびデリバティブによるリスク管理

4 デリバティブによるリスク管理

リスク管理の基本的な考え方は，ある資産の価格変動リスクを，それと似通った動きをするほかの資産の価格変化で相殺することである。先物と現物価格の連動性が高い線形の関係があるため，こうしたリスク管理が容易であるのに対し，現物とオプションの間には，非線形の関係があるために，オプションのデルタやガンマといったリスク尺度を用いたヘッジ戦略が必要になる。

■リスクヘッジの考え方

どの様なヘッジ手法であろうとも，その基本的な考え方は簡単である。価格変動リスクをヘッジしたい資産と逆の動きをする資産を見つけ出し，あるいは新たに作り出し，一方の買い（売り）に対し，他方の売り（買い）を行えば，2資産から成るポートフォリオのリスクは相殺され，大きく減少する。これはポートフォリオ理論の基礎的な考え方である。先物やオプションといったデリバティブはこのために特に有効である。なぜならば，デリバティブは現物資産と比べ，流動性が高く，売買手数料が安く，売買，特に売り（ショート）ポジションを取ることが容易であるからである。

■先渡し・先物によるリスク管理

2011年の1月4日から11月25日までの間，日経平均の現物を1株保有していたとしよう。図9-3は現物保有から生じる日次の価格変動リスクと先物価格の価格変化を合わせて示したものである。

両者は，ほぼ連動して動いているために，あたかも1本の線を描いたように見える。現物1株の買いポジションに対して，先物1株の売りポジションから成るポートフォリオを考えてみよう。図9-4は，現物を1株持っていた時の利益（損失）を，先物の「売り（ショート）」からの損失（利益）カバー（ヘッジ）したときの，全体としての損益を表している。その損益の変動がほぼゼロ，リスクが極小になっていることがわかる。これが，最も簡単なヘッジ（1対1ヘッジ）である。こうしたことが可能になったのは，現物価格差と先物価格差と間の相関がほぼ1であったからである。そうでない場合は，現物と先物から成るポートフォリオの分散を最小にするような先物ポジション（ヘッジ比率）を求めればよい。このときは現物1単位に対する先物ポジション比率は1以下になる。先物ヘッジ比率の理論と実証に関しては，リスク尺度や動的なヘッジ比率などを考慮した数多くの研究がある（Chen, Lee and Shrestha [2003]）。

| 図9-3 | 日経平均と先物の日次格差 | 図9-4 | 日経平均保有に対する日経平均先物の売りを総合した損益 |

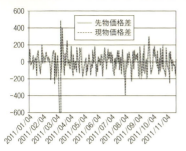
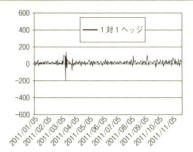

日経平均現物からの損益（価格差）を日経平均先物からの損益でヘッジ（相殺）する。

■オプションによるリスク管理

オプションによるリスクヘッジも同様な考え方に基づく。ただ1つ異なるのは，現物とオプションの間には「非」線形な関係があることである。例えば，日経平均が1円動いた時，日経平均「オプション」は1円以下の動きしかしない場合がある。この比率をオプションのデルタ（Δ）と呼ぶ。ヘッジ比率そのものは現物価格の変化に伴って変化する。これをオプションのガンマ（Γ）と呼ぶ。したがって，ヘッジ比率を日経平均のその時々の値に応じて変化させることにより，少なくとも理論的には，現物とオプションから成るポートフォリオの価格変動リスクをゼロにすることができる。当然のことながら，リスクがゼロになったのであるから，期待リターンもリスクフリー・レートに等しくなるはずである。

これに対し，現物価格の値下がりを一定程度に抑え，ある程度の値上がり益を狙うようなポートフォリオ保険（PI：ポートフォリオ・インシュランス）手法も存在する。PIの最も簡単な方法は，現物1株の保有に対し，保険であるプットオプションを買う手法（プロスペクティブ・プット：Protective Put）である。現在の現物価格がオプションの行使価格に等しいようなプットオプションを買うと，値下がりを回避して値上がり益を享受できる。市場で適切なプットオプションが購入できない時には，プットオプションを適切なオプション価格モデルを用いて，合成できるようなPI手法も存在する。また，特定のオプション価格モデルに依存しない，比率一定型のポートフォリオ保険（CPPI）も存在する。

第10章　不動産ファイナンス

1　不動産価格と株価の予測可能性

不動産価格と株価の予測可能性について次の4つの視点から解説する。
①ランダムウォーク仮説の意義，
②二次和分過程仮説，
③不動産市場の不完全性，④株価も二次和分過程に従う

　株価の予測可能性に比べて不動産価格の予測可能性は高い。現代ファイナンスの枠組みのなかで不動産価格のこの特性をどのように扱うべきか。不動産ファイナンスの1つの課題である。また，これは株価の新しい見方とも関連する。

■ランダムウォーク仮説の意義

　市場が情報の意味で弱効率的であれば，不動産価格は酔歩過程（random walk）に従う。ランダムウォークは，独立かつ同一の分布をもつ確率変数の和として定義される数学モデルである。ランダムウォーク仮説を検証する最も直接的かつ直感的な方法は，異なる時点の不動産価格の変化の間の系列相関を調べることである。この検定における帰無仮説は，様々なラグに関する価格の一階差の自己相関係数がすべてゼロである，というものである。不動産価格の予測可能性に関する実証研究によれば，この帰無仮説は棄却されるのが一般である。一方，株価の実証研究によれば，ランダムウォーク仮説は棄却されることも支持されることもある。そのため，株価が近似的にランダムウォークに従うと仮定することがある。アセットプライシングやオプション価格理論等は，資産価格がランダムウォークに従うことを前提にしている。これらの理論を不動産分野で応用するためには，不動産価格も近似的にランダムウォークに従うと仮定する必要がある。そう仮定することで不動産金融工学（川口［2001］）といった新たな不動産ファイナンスの分析手法が発展した。

■二次和分過程仮説

　不動産価格は明確な慣性（inertia）や循環性を有している。そのため，従来は不動産価格を定常的な自己回帰過程として捉えるのが一般であった。しかし，これでは資産価格を非定常過程とする現代ファイナンスの枠組みから外れてしまう。両者を考慮すると，不動産価格の数学モデルは，非定常の構造を持ちか

図10−1　株価と不動産価格（1993年6月〜2015年8月）

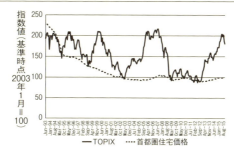

つ循環性を有する確率過程が候補となる。ランダムウォークは一次の和分過程であり，確率変数の一階差を取ると定常過程になる。これに循環性を与えるには，一階差では定常とはならず二階差で定常過程となる，二次の和分過程を導入することである。実際，不動産価格指数には二次の和分過程に従うものがある（川口[2013]）。

■不動産市場の不完全性

ところで，不動産価格の（数ヶ月〜数年にわたる）慣性は不動産市場の非流動性と関連している。流動性が高い市場で価格に慣性があれば，価格が上昇し始めた時点で資産を購入し，価格が下落を始めた時点で売却することで利益を得ることができる。しかし，非流動的な市場ではこうした取引は不可能である。非流動的な市場とは取引コストが大きくて無視できないと定義されるからだ。例えば，不動産の売買における仲介手数料は取引価格の数パーセントと大きい。また，売買が成立するまで時間を要する。さらに，非流動的な市場では流動性の高い市場で見られるような価格発見がない。相対取引，取引コスト，および規制等といった不完全性が不動産価格の慣性と関連していると考えられている。

■株価も二次和分過程に従う

二次和分過程はある条件のもとで循環的な変動特性を示す（本章2を参照）。90年代以降の日本の株価は明確な循環性を示すようになった。図10−1に示すように，TOPIXは首都圏住宅価格を底値とする長期的なボックス圏の中で循環している。株価のこうした循環性は低成長経済の下での金融政策と関連している。株価も不動産価格と同様に二次和分過程に従うと考える必要がある。

2 不動産価格のサイクルとバブル

不動産投資における主要なリスクは不動産特有の循環的な価格変動である。価格変化率のボラティリティはこのリスクの適切な尺度ではない。また，不動産の価格サイクルの振幅はその賃料サイクルの振幅よりも大きいが，その格差を割引率の合理的な変動で説明できないときに深刻なバブルが発生している。

■ボラティリティvs.サイクル

リターンのボラティリティ（標準偏差）が金融市場における適切なリスク尺度であることは言うまでもない。リターンは金融市場の投資機会についての完全かつスケールフリーのサマリーであること（Campbell et al.[1997]），分散を用いてその真の変動を推定できることがその理由である。しかし，資産価格が二次の和分過程に従う場合（本章１参照），価格そのものの循環的な変動を考慮する必要がある。このことは実務でもよく認識されている。例えば，米国の機関投資家へのアンケート調査によれば，ボラティリティは不動産投資のリスクとしては後順位でありその第一は流動性リスクである。不規則ではあるが不動産市場には明瞭なサイクルがあり，その停滞・不況期には資産を投げ売りせざるを得ないといった可能性があるからだ。

■不動産価格サイクルの原理

不動産価格サイクルを説明する経済モデルには様々なものがあるが，いずれも「２階の確率差分方程式」に帰着する（川口[2013]）。そこでは不動産価格 P_t は次式に従う。

$$A \times P_t - B \times P_{t-1} + C \times P_{t-2} = \varepsilon_t, \; \varepsilon_t \sim \text{White Noise}(0, \sigma^2)$$

ここで，A，B，Cはパラメータである。これらがある一定の値を取る（特性方程式の根が虚数となる）場合，価格は循環的に変動する。特に，A＝1，B＝2，C＝1かつホワイトノイズの分散 σ^2 がゼロの場合，この過程は正弦波に従う。分散 σ^2 が大きくなるにつれて価格は滑らかなサインカーブから離れてギザギザな変動を示すようになる。すなわち，分散（ボラティリティ）は価格変動の滑らかさを表す尺度であり，不動産の本質的なリスク（価格変動）の程度は循環変動の振幅によって捉えることになる。

■不動産の価格と賃料の乖離

　不動産の（市場）賃料も循環的に変動する。また，価格と賃料のサイクルは同期するのが一般である。しかし，両者の振幅は異なり，賃料に対して価格は過剰変動する。価格のこの過剰変動性が割引率（期待収益率）の変動に起因することは株価の過剰変動性と類似である（Campbell and Shiller[1988]，川口[2013]）。経済学の一般均衡モデルによれば，不動産の価格はその将来の賃料収入の割引現在価値の合計に等しい。そこではバブルは生じないものと仮定されて排除される。しかし，不動産の資産市場と賃貸市場では裁定の機会が解消されず，不動産の価格とその収益還元価値は常に乖離する。例えば，住宅保有のユーザーコスト（価格変動を含む）と賃料との間には大きな乖離があることが実証されている。

■不動産市場のミクロ構造とバブル

　価格と賃料のサイクルの振幅の格差を割引率の合理的な変動で説明できないときには深刻なバブルが発生している。日本の不動産バブル（1980年代），米国の住宅バブル（2003〜2006年），および中国の住宅バブル（2009年以降）がその例である。

　不動産バブルの発生は市場のミクロ構造に負うところもある。不動産市場は細かく分断されていてそこでの売買は相対取引（あいたい）が基本である。1年間に売買される不動産の物件数はそのストックの数パーセントにすぎない。こうした条件の下では，少数の楽観的な買い手の価格付けが大多数の無取引の不動産価格をファンダメンタルズから大きく乖離して引き上げる可能性がある。2000年代の米国の住宅バブル期において，「今が住宅購入の好機である」と考える世帯のシェアが10％から20％に上昇した。高々10％にすぎないこの楽観的な世帯が米国の住宅市場において限界的な投資家の役割を演じ巨大なバブルを作った。

　不動産の価格は，経済のファンダメンタルズとは無関係に，相対取引市場における楽観（悲観）的な投資家のシェアによって決定されるという特徴がある。

3 不動産資本市場

日本の不動産資本市場の課題について次の4つの視点から解説する。
①日本のCMBS市場の低迷,
②ミンスキー・モーメントとレバレッジ・サイクル,
③J-REIT市場を支えたもの, ④非伝統的な金融政策の出口リスク

　日本の不動産資本市場には次の2つの課題がある。世界金融危機（07～11年）以降, 日本のCMBS（Commercial Mortgage Backed Security）市場は低迷したまま復活の兆しがない。また, J-REIT（Japan-Real Estate Investment Trust）市場は復活したが, 非伝統的な金融政策の出口リスクを抱えている。

■日本のCMBS市場の低迷

　日本の不動産デット資本市場の特徴は金融危機以降CMBSの新規発行が激減しその残高がピーク時の1割を切り復活の兆しがないことである。その一方で間接金融（銀行貸出）は金融危機以前のピークを越えて増えている（図10-2-1）。この理由は, 今次の金融危機の原因が証券化のOTD（Originate To Distribute）モデルのモラルハザード問題（杜撰な融資審査, 格付け機関の利益相反の可能性, 販売時の説明不足等）に帰せられたこと, 逆に銀行貸出（Originate And Holding：OAH）が見直されかつ超低金利環境下でOAHのコスト優位があいまった等の結果である。日本CMBSのメインプレイヤーであった外資の投資銀行が東京を去ったこともその一因である。米国CMBSが弱いながらも回復したことを考えると, 日本の不動産デット市場は過度に銀行貸出に依存し資本市場が不活性というアンバランスな状態に後退した感がある。

■ミンスキー・モーメントとレバレッジ・サイクル

　世界金融危機前の日本CMBSは満期が3年～5年の短期回転型の商品であった。ピーク（2007年前半）までに積み上がった発行残高（4兆円超）の出口が「ミンスキー・モーメント」（Minsky[1992]）のタイミングと一致した。CMBSは満期の延長に関して硬直的でありそのタイミングが不動産市況のボトム期（09～11年）に一致したので裏づけ資産の投げ売りを余儀なくされた（2010年のデフォルト発生率は約5割）。また, 大量のCMBSが格下げされたことでデレバレッジと不動産価格の下落がさらに進行した（「レバレッジ・サイ

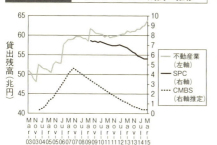

図10-2-1 銀行貸出（不動産業，SPC）およびCMBSの残高の推移

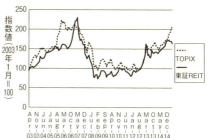

図10-2-2 東証REIT指数とTOPIX（対住宅価格指数：2003年4月～2015年9月）

クル」，Geanakoplos[2010]）。

■**J-REIT市場を支えたもの**

　日本の不動産エクイティ資本市場（J-REIT）は復活した（図10-2-2）。J-REIT市場は，官民ファンドによる資金繰りの支援および税制改正による合併の促進によって資産の投げ売りを回避しミンスキー・モーメントをやり過ごした。また，日本銀行がJ-REITの買入れを開始した（2010年末）。これが投資家に安心感を与え株価（投資口価格）が下げ止まった。中央銀行のマネーが投資家の楽観を支えることでレバレッジ・サイクルを緩和した。

■**非伝統的な金融政策の出口リスク**

　J-REITは日本CMBSと同様に短期回転型の商品であったが（例えば，佐藤[2002]181頁））、金融危機以降は配当（分配金）の持続的な成長を目指す利回り株へと変化した。それでもJ-REITの回復は遅々として進まなかったが，米国の量的金融緩和第三弾（QE3：2012年9月）および日本銀行の異次元の金融緩和（2013年4月）がJ-REITの投資口価格を大きく引き上げた。その後J-REIT市場は回復軌道に乗り時価総額は10兆円の大台を超えた（2014年末）。

　非伝統的な金融政策はいずれ出口を迎える。すでに米国は量的金融緩和を終え政策金利を引き上げる段階に入った。米国REITもJ-REITも非伝統的な金融政策に対する感応度は高い。また，日銀のJ-REIT買入れはJ-REIT市場のリスク・プレミアムを引き下げてきた（川口[2016]）。日米の非伝統的な金融政策の転換は，不動産資本市場の大きなダウンサイドリスクである。

第10章　不動産ファイナンス

4 不動産市場の価格発見

不動産市場の価格発見機能について次の4つの視点から解説する。
①双子の不動産市場における価格発見，
②価格発見の実証研究の問題点，③短期と長期の価格発見，
④REIT株価と不動産価格ではどちらが先に均衡価格に達するのか？

資産市場では，情報が変換されて資産価格に取り込まれる。市場のこうした機能を価格発見（price discovery）と呼ぶ。価格発見に関する文献は，関連する複数の市場のどちらがいち早く資産の均衡価格に達するかといったスピードの違いに着目する。そこでは，新しい情報が最も速く資産価格に反映する市場が価格発見機能をもつ市場であると考えられてきた。

■双子の不動産市場における価格発見

REIT（J-REIT含む）が保有する不動産には，株価（投資口価格）およびこれに対応する不動産価格（Net Asset Value，以下「NAV」と略す）という2つの価格がある。そこでは，同一の不動産が2つの市場—パブリック市場（REIT市場）とプライベート市場（実物不動産市場）—で別々に価格評価される。こうした不動産価格の二重性は価格発見の実証研究に恰好の場を提供する。

多くの実証研究は，REIT株価がNAVを先行することから，REIT市場が価格発見機能を有し，実物不動産市場はこれを追随することを示している。また，これは，株式市場が不動産市場に比べて情報効率性および流動性が高いことからと理由づけられている。

しかし，近年の実証研究は，不動産のタイプ別に調べてみると，必ずしもREIT株価がNAVを先行しない，あるいは逆にNAVがREIT株価を先行するという反証を示している。また，株価には様々なアノマリー，ミスプライス，およびノイズが含まれている。そうした株価が不動産価格に先んじて均衡価格に達することができるのかといった疑問が呈されている。

■価格発見の実証研究の問題点

価格発見に関する実証研究には2つの困難がある。その1つは情報を観測することが難しいこと，2つめの困難はその情報を市場参加者がどのように評価

するかという問題である。最近，これらの課題が克服されつつある。例えば，金融市場においては，日中商い（intraday trading）データとマクロ経済等に関するヘッドラインニュースを用いて，予期せぬ情報の同定とその価格反応の定量化が試みられている。不動産市場においても，実物不動産取引の詳細データを用いて，不動産取引に関する情報がREIT株価と不動産価格にどのように取り込まれるのかを解明する試みがある。また，不動産のニュース記事における意見が両方の価格にどのように反映されるのか，その違いについて明らかにされつつある。

■短期と長期の価格発見

資産価格変動の先行・遅行関係は，多変量自己回帰（Vector Auto Regression，以下「VAR」）モデルを用いて把握する。例えば，REIT株価とNAVの変化（リターン）データを用いる場合には，二変量のVARモデルとなる。これには，長期均衡条件を含める制約VAR（Vector Error Correction Model，以下VECM），およびこれを含めない非制約VARの2つがある。両変数に長期的な均衡がある場合には，前者のVECMを用いなければならない。この場合，REIT株価とNAVとではどちらが長期均衡価格に近いかによって価格発見機能を同定する（長期的な価格発見）。また，長期均衡への回帰の影響を取り除いた後で，短期的な先行・遅行関係についてグレンジャー因果検定を用いて把握する（短期的な価格発見）。不動産の長短の価格発見機能の実証研究が蓄積されつつある。

■REIT株価と不動産価格ではどちらが先に均衡価格に達するのか？

初期の実証研究は，非制約VARモデルを用いて，短期的な先行・遅行の関係に焦点が当てられた。最近の研究では，REIT株価と不動産価格（NAV）の間に長期均衡関係が存在することが確認されたことで，均衡価格の回帰についてREIT株価とNAVとではどちらの貢献が大きいかといった長期的な価格発見機能に関心が移っている。また，ミクロな取引情報やヘッドラインニュースを用いた意見分析等を用いて情報と不動産価格の新たな関係が見出されつつある。

第10章 不動産ファイナンス

5 不動産価格指数

不動産価格指数について次の4つの視点から解説する。
①ファイナンスにおける不動産価格指数の課題,
②不完全な再販価格データ,
③株価指数と整合的な不動産価格指数,④不動産価格指数の精度とその課題

■ファイナンスにおける不動産価格指数の課題

　S＆P500およびTOPIXといった株価指数と整合的な不動産価格指数をどのように作成するか。これがファイナンスにおける不動産価格指数の主要な課題である。すなわち，S＆P指数等は「時価総額加重の算術平均指数」であるから，例えば，アセットアロケーションにおいて株価と不動産価格の共分散や相関を測定する場合に，不動産価格指数が同一のタイプでなければその測定値は指数の不整合のバイアスによって歪められるだろう。しかし，不動産はそのほとんどが無取引であるから，株式市場のように同一の銘柄（物件）の価格を月次および四半期ごとに観測することができない。そのため，不動産について上記の算術平均指数を作成することは容易ではない。無取引が支配的かつ不完全情報の下で時価総額加重型算術平均指数を作成しなければならない。これが不動産価格指数の課題である。

■不完全な再販価格データ

　この問題の解決の鍵は「再販価格」（Repeat Sales Price）である。ある期間内に2回以上取引された物件の価格を再販価格と呼ぶ。首都圏のマンションであれば，例えば10年（120ヶ月）の期間内に2回取引される物件は一般に想定されているほど少なくない。このデータから同一物件の価格の時間変化は簡単に計算できる（不動産は唯一無二と言われるように物件の個別性が高いので不動産価格の時間変化を捉える価格指数の作成に再販価格を用いるのは最良である。詳しくは川口[2013]を参照）。しかし，再販価格の期間は物件によって異なるので，同一期間（月次や四半期といった定期）の価格変化を求めることは容易ではない。株式であれば，全銘柄について例えば10年間に120個の月次の再販価格のデータを観測できる。これに対して不動産の場合，取引された一部の物件についてたかだか2個程度の価格データしか与えられない。前者（株価指数）は完全情報，後者（不動産価格指数）は不完全情報のもとでの算術平均

指数の算出という違いがある。

■株価指数と整合的な不動産価格指数

　不動産価格指数のこの問題を最初に解いたのはShiller[1991]である。彼は，基準時点の価格を基準点以降の再販価格で回帰することによりその回帰係数の「逆数」が時価総額加重型算術平均指数の最良不偏推定量になることに気が付いた。この回帰モデルでは多重共線性を回避するために操作変数を導入し，かつ再販価格ペアの期間が長くなるほど観測誤差が大きくなるので加重最小二乗法が採用されている。このタイプの指数は「ARS」（Arithmetic Repeat Sales price）指数と呼ばれている。ARS指数の代表例は米国のS&Pの「ケースシラー住宅価格指数」である（日本版は「不動産研究所住宅価格指数」）。ARS指数は住宅のみならずオフィスビルの価格および賃料についても実務で開発・利用されている。

■不動産価格指数の精度とその課題

　ARSは推定量として最小二乗推定量を選択した指数であるが，最尤推定量，一般化積率法推定量，およびベイズ推定量（マルコフ連鎖モンテカルロ法）等もその候補となる。実際，不動産価格指数に関する既存研究ではこれらの推定量を用いた複数の指数が提案されている。川口ら（早稲田大学[2009]）は首都圏中古マンションの再販価格データを用いてARS指数と他の指数を作成しこれらの精度（標準誤差，トラッキングエラー）について比較検討した。その結果，ARS指数は精度において他の指数に劣後しないことが明らかとなった。しかし，ARSは全時点の指数を同時推定する。そのため，各時点の指数値が他のすべての時点の値に依存する。ARSを実用の供する場合，新しいデータが追加されるごとに過去の指数値も変化するという「更新誤差」（revision error）が問題となる（同上[2009]）。

　最後に，ARS指数以外の不動産価格指数は株価指数（時価総額加重型算術平均指数）とは異なるので，これらを比較する場合，両者の精度の違いに留意する。

第10章 不動産ファイナンス

6 不動産デリバティブとリバースモゲージ

不動産デリバティブに関連して次の3つについて解説する。
①住宅価格指数先物,
②賃料保証契約とマスターリース契約,
③リバースモゲージ

日本の不動産市場の規模は約2,500兆円（国民経済計算，2014年）であり，東証1部上場株式市場の約5倍，国内の債券市場（国債含む）の約2.5倍である。それにもかかわらず日本の不動産投資のリスクをヘッジする手段はほとんどない。

■**住宅価格指数先物**

日本で実現の可能性が高い不動産デリバティブは住宅価格指数先物であろう。米国のシカゴ先物取引所において，スタンダードアンドプアーズのケースシラー住宅価格指数を用いた先物取引が2006年に開始された。また，日本でも同様の住宅価格指数が東京証券取引所から試験配信されその可能性が検討された（ただし，東証の試験配信は2014年12月で終了し日本不動産研究所へ引き継がれている）。上記のようにこの取引に必要なインフラは整っているので，不動産の投資家，住宅ローンを融資する金融機関，持家の所有者，およびデベロッパーやハウジングメーカーがこの指数先物を用いた価格リスクのヘッジの有効性を認識すれば，日本でも住宅価格指数の先物取引が実現するだろう。

住宅価格指数先物のヘッジの有効性については国内外で様々な議論があるが，これは実証の問題である。米国においては，住宅価格指数先物商品が実用化されていることもあり，この問題に関する実証研究はいくつかある。日本においては川口らが行った研究が唯一である。そこでは東京都の中古マンションを対象とし，指数先物および指数スワップを用いた住宅価格リスクのヘッジの有効性が実証されている。東京都の中古マンション市場（1993～2008年）では約6割の価格リスクをヘッジする可能性が示されている（川口[2013]）。

このように日本においても住宅価格指数先物によるヘッジの有効性が示されることから，投資家および金融機関などのニーズは潜在的には存在する。それにもかかわらず，この先物取引が実現しない理由は，特に世界金融危機以降，このリスクを取るスペキュレーターが現れないことにある。

■賃料保証契約とマスターリース契約

　不動産実務において保険（プットオプション）類似の契約として賃料保証契約およびマスターリース契約がある。これらは不動産デリバティブではないので注意が必要だ。まず賃料保証契約は，借り手が賃料を滞納した場合に保証会社が代位弁済を行うものである。これは保証会社が連帯保証人となるという借り手への与信供与にすぎない。また，マスターリース契約は転貸条件付き賃貸契約であり，オーナーから不動産会社等が物件を借り，これを最終的な借り手（エンドテナント）へ転貸（サブリース契約）するものである。毎月定額の賃料保証が付くマスターリース契約も存在するが，最高裁判例（2003年10月）がマスターリース契約における賃料減額請求権を認めたことから，この賃料保証はプットオプションのようには機能しない。

■リバースモゲージ

　リバースモゲージは，住宅を担保に生活資金の融資を受け，住宅所有者が亡くなった後に住宅を売却し一括返済するものである。これは金融機関にとっては，原資産の価値が住宅価格，権利行使価格がローン残高，および満期を債務者の死亡時点とするコールオプションのように見える。しかしそれは誤解である。満期時点において金融機関には選択の余地がないからだ。

　リバースモゲージには次のリスクがある。満期時点で住宅価格が融資残高を下回れば金融機関は損失を被る（担保割れリスク）。また，住宅所有者が当初の想定よりも長生きすると融資残高が予定よりも増える（長生きリスク）。金利が上昇すれば融資残高はさらに増える（金利リスク）。

　金融機関としてはこれらのリスクを借り手に転嫁せざるを得ない。一方，借り手からみれば負担が大きいので，リバースモゲージの普及は限定的である。また，対象となる物件は，将来の売却の可能性の高い立地や道路付けが良いものに限られる。さらに，持続的に住宅価格が下落する地域では限界がある。

　リバースモゲージの普及には，米国のように担保割れリスクを公的機関の保険によりヘッジするといった政策支援が必要であろう。

第11章 計量ファイナンス

1 回帰モデルの定式化
──因果性と符号条件

> K 変量線形回帰モデルの定義の後，定式化の説明をした。ファイナンスや経済学の理論が背後にある正しい定式化においては，因果関係の流れと符号条件が重要であることを需要関数の例で説明した。最後に，実証分析において，唯一の正解に導く道が常に存在するのではないと注意した。

K 変量線形重回帰モデルは，

$$Y_t = \beta_1 + \beta_2 X_{2t} + \cdots + \beta_K X_{Kt} + u_t \quad (t=1, \cdots, n)$$

と表される。ただし「K」は，切片項を 1 つとしたときの X_k（説明）変数の数，「線形」とは従属変数 Y_t が右辺の X_k につき線形であることを表し，β_k は推定される回帰係数，u_t は確率誤差項（観察不能）である。$K=2$ の場合を単回帰モデルという。本節は，もっぱら K 変量線形回帰モデルの説明である。定式化 specification では，K 変量線形回帰モデルにおいて何が Y で，K の数，さらに X 変数は何であるかが問題となる。これを**定式化**の問題と呼ぶ。分析者は，どのような考え方でこの問題に対処すべきであろうか。

■理論の重要性：因果関係の方向と符号条件

実証分析を行うには，経済学やファイナンスの理論・仮説が必要である。適当な変数を持ってきて，どれかを Y，他を X にすることはあり得ない。やるのは自由だが，無目的に回帰モデルを推定しても何の役にも立たないし，そもそも結果の利用のしようがない。以下，経済学から例を取ってこの点を明らかにする。ファイナンスでも同様なことは理解できよう。

需要関数は，直感的に価格 P の減少関数であると思われている。これを誤って「P の係数の符号条件は負である」と表現することがある。符号条件は直感的に決まるものではない。需要関数は所与の P と所得 I 制約の下での効用最大化の解であるから，P の減少関数になることの例を示そう。

簡単化のため 2 財 q_i から成る効用 $U = q_1 q_2$ と制約 $I = \sum_{i=1}^{2} q_i p_i$ を考える。ただし p_i は価格。

最適化のためのLagrange表現を偏微分して第1財の需要関数 $q_1 = \dfrac{I}{2p_1}$ を得る（Henderson et al.[1980]18-19頁を参照）。

計量経済学的に，このままでは扱いにくいので $Y = q_1$，$X_1 = I$，$X_2 = p_1$ とし，線形近似式

$$Y = \frac{X_1}{2X_2} = f(X_1, X_2) \approx \beta_0 + \beta_1 X_1 + \beta_2 X_2 + u$$

を使う。ここで $\beta_1 = \dfrac{\partial}{\partial I} f = \dfrac{1}{2p_1^*} > 0$，$\beta_2 = \dfrac{\partial}{\partial p_1} f = \dfrac{1}{2p_1^*} < 0$

ただし p_1^* は p_1 の固定点，なので需要関数は I の増加関数であり P の減少関数である。

　このように符号条件は，経済学やファイナンスの理論が決めるものであって，分析者の直感で決まるものでなく，また既存の実証研究の中にある例から採られるものでもない。これを「想定する符号」と言ってしまうと，分析者が「想定」するのだから何でも構わないことになるが，そうではない。

　先の例の線形需要関数の定式化では，説明変数（X_2, X_3）から従属変数Yへ因果関係が流れている。X変数がY変数を説明するのであって，逆ではない。例えば個人の所得 I_t はある財の需要 D_t と関係ありそうだからといって「$I_t = a_1 + a_2 D_t + v_t$」等というモデルは，考えない。このように回帰モデルの実証分析は，単に変数間の関係の高さ・低さを単相関で調べているのではない。背後の理論・仮説を調べることを目的とする。ファイナンスでも同様である。例えばCAPM的モデルでは市場超過収益率がある銘柄の超過収益率を説明するのであって，逆ではない。

■これからの議論の方向

　これより後の計量ファイナンスの項目では，回帰モデルや説明変数の選択問題を論じる。しかし項目ごとに，設定や前提条件が異なることに注意して欲しい。つまり，実証分析では唯一の正解への道が1つあるのではない。決められた方向に向かって進めば，唯一の正解に至る道が存在するのではない。多くの考慮すべき要素があり，その一端をいくつかの項目で述べる。データ上そして統計学的・計量経済学的にできないこと・やってはいけないことは示せる。

第11章 計量ファイナンス

2 仮説検定による説明変数の選択

> K変量線形回帰モデルが既に背景となる理論を使って定式化されており，残るは，可能な説明変数から最適なものを選択することであるとする。散見される単回帰の繰り返しで，この目的を遂げる方策は，統計学的に不当であることを指摘する。正しくは，真のモデルを含む大きなモデルから仮説検定で順次絞り込むことである。

K変量線形回帰式での説明変数の選択方法を説明する。

$$Y_t = \beta_1 + \beta_2 X_{2t} + \cdots + \beta_K X_{Kt} + u_t \quad (t=1, \cdots, n)$$

Y_tは従属変数，Kは切片項込みの説明変数Xの数，β_kは回帰係数，u_tは確率誤差項である。本項では，本章1にある定式化，つまり経済学やファイナンスの理論に基づいたモデルにおける，可能な説明変数群$X_2, \cdots, X_{K^*}$が得られているとする，ただしK^*は当該理論が許容する説明変数の最大数である。しかし，複数の理論モデルがあってもよいが，互いに重複しない説明変数がある場合は，排除する。このような場合，モデルは「非入れ子型」であるという，その変数（モデル）選択については，本章3で触れる。逆に本項で扱うのは，入れ子型モデルにおける説明変数の選択である。

■単回帰の繰り返しでは，正しい変数選択に導かない

候補となるK^*個の説明変数群から一つずつX_kを取り出し，Yのこれへの切片付$K=2$単回帰モデルを繰り返し推定し，R^2が高いX_kを集めて重回帰$K>2$モデル（最終的な定式化）とすることが頻繁に行われる。以下，この方法は，2つの点で望ましくないことを指摘する。

① $K=2$単回帰のR^2で判断するのは，Y変数とX_kとの標本単相関^{2}で判断することと同じで意味がない。

② 真の定式化が$K>2$なら，$K=2$切片付単回帰は誤った過少定式化なので，推定量の不偏性すら確保できず，意味がない。

①について：単回帰のR^2は，YとXの間の標本単相関r_{YX}の2乗，$R^2 = r_{YX}^2$である。r_{YX}は，K^*個の説明変数候補のうち，単回帰に使われたX変数以外の他の変数の影響も受ける。すなわち単回帰のR^2が高いのは，純粋にYとXの関係でなく，それらに影響する他の説明変数のせいかもしれない。さらに本章1で

強調した因果関係の流れは，全く考慮されていない。なるほど，標本単相関の高い変数を選ぶが，他の変数の影響を拾っている可能性がある。

また線形重回帰モデルのβ_kは，偏微分係数$\beta_k = \dfrac{\partial}{\partial X_k} Y_t$なので，「他の事情一定にして」を意味する。$\beta_k$の重回帰OLS推定量$\hat{\beta}_k$は，$Y$と$X_k$から$X_k$以外の他の説明変数の影響を除いた$Y^*$を$X_k^*$に回帰したときの回帰係数のOLS推定量と理解できる。YをX_kに回帰しても当然β_kの推定量ではない。

②について：真のモデルAとして$Y_t = \sum_{k=1}^{K_*} \beta_k X_{kt}$を考える，ただし$K_* < K^*$（許容し得る説明変数の数）である。いまAは，知る由もないが，X_kをAの説明変数の中から選んだとしても，YをX_kへ切片付$K=2$単回帰する限り，その回帰係数OLS推定量は不偏性すら持たない。これは「過小定式化」として知られることである（山本[1995]114頁）。一般に真のモデルより少ない数（単回帰でなく重回帰）の説明変数へのYの回帰では，回帰係数推定量は不偏性を失う。

■大きいモデルから小さいモデルへ

単回帰で一つずつ説明変数を発見していくのが認められないのなら，どうするか。いま，説明変数の数がK_B，ただし$K_* < K_B \leq K^*$であるモデルBを持っているとする。明らかにモデルBはAを包含（B⊇A）する。この状況なら，Bには含まれるが，より小さいモデルに含まれない$\beta_j = 0$とする帰無仮説H_0と対立仮説$H_1: \beta_j \neq 0$を，t検定（複数個のβ_jならF検定）を使って検定する。H_0を棄却できない間，順次説明変数の数を少なくしていきAに到達することを望む。H_0が棄却されたら分析は終わる。

しかし，そもそも理論が許容する説明変数群など確定するか，代理変数の存在可能性もある，またH_0としてどのβ_jからとり上げるか・どの順序で，等々ここで示した方法には，様々な恣意性が入っている。このようにして計量経済学的分析は単なる「計量」ではない。自動化された変数選択法やモデル選択基準を用いる方法なら，必ず正解に辿り着くという保証はない。

第11章 計量ファイナンス

3 適合度とモデル選択基準

K変量線形回帰モデルにおいて、説明変数選択の基準としてR^2や$\bar{R}^2$は使えないことを説明した。しかし、これら適合度基準を統計学的原理から見直したモデル選択の基準は、広い適用可能性を持ち利用可能である。AICは最もよく使われるものである。

K変量線形重回帰モデル

$$Y_t = \beta_1 + \beta_2 X_{2t} + \cdots + \beta_K X_{Kt} + u_t \quad (t=1, \cdots, n)$$

について経済学やファイナンス理論に基づく因果関係の流れや符号条件などの先験的制約が比較的希薄である場合の定式化を考える。例えば理論は特定の変数を指定するが、データとして利用可能でなく複数の代理変数からの選択をする場合がある。また時系列計量経済学におけるラグ次数の選択では、理論はラグ次数や形態までは与えない。理論との関係が比較的希薄な場合の重回帰では、変数選択に際して手軽なR^2など適合度指標が重視されることが多い。本節ではR^2や$\bar{R}^2$の難点を述べた後、AICなどの「モデル選択の基準」が利用されるべき理由を説明する。

■適合度指標の問題点：R^2と$\bar{R}^2$

所与のデータに最もよく当てはまるモデルを選択する適合度指標は、直感的に妥当であり使いやすい。よく使われる決定係数R^2はデータYの変動を推定結果が説明する割合を表す。しかし、$K=2$切片付単回帰とR^2の組み合わせが、説明変数の選択に使えないことは本章2で説明した。以下では$K>2$重回帰において、R^2をモデル選択の指標として使用することの問題点を指摘する。

モデルA、Bの各々の説明変数の数Kと決定係数R^2を$K_A<K_B$とR_A^2、R_B^2、さらにモデルAの説明変数群はBの部分集合であるとする。すると$R_B^2 \geq R_A^2$が成立する。つまり説明変数の数を増せば、追加変数が有意であるか否かにかかわらず、R^2は減少しない。したがって実証分析結果におけるR^2は、Yの変動のうち、回帰で説明された割合数値の意味しかない。例えばあるモデルで$R^2=0.8$であったものが、説明変数追加後$R^2=0.9$になっても、後者がより良いモデルであるとは言えない。

追加的説明変数が効くか否かを考慮する尺度として自由度修正済み$\bar{R}^2$がある。いま追加的変数X_ℓの回帰係数をβ_ℓとする。$\bar{R}^2$による変数選択方法は，$\bar{R}^2$が増加したらX_ℓを採用する。しかし，この方式はMaddala et al.[2009]166頁が指摘するように，$H_0:\beta_\ell=0$対$H_1:\beta_\ell\neq0$の有意性検定で，何とt値≥1のときH_0を棄却するのと同等である。棄却域が有意水準・標本の大きさ等に依存しない一定の「1」で決まっており，仮説検定の体を成していない。複数の変数の場合は，F値の棄却域が「1」で決まり，同等のことが起きる。このように修正版を含めて適合度指標は，使えない。

■情報量基準でのモデル選択へ

ここまでで適合度指標を2点で修正すべきであることが判明した。①適合度指標の一般化，②Kを増やすと・モデルが複雑になると適合度に対する罰になれば良い。$\bar{R}^2$は，②について自由度修正を些か恣意的に持ち込んでしまった。基準Cを

$$C = -(一般化された適合度 - モデルの複雑さ)$$

として，様々な統計学的原理の下で推定しモデル選択の基準とする。一つのC候補となるモデル（説明変数群）について計算し，Cが最小のモデルを選択する。

時系列モデルに限らず，非常によく使われるのがAICとして知られる情報量基準である。特に別の項で述べた非入れ子型の比較にも使える。AICは，多くのソフトにおいて線形回帰モデルでなくとも利用可能である。統計ソフトRでのモデル選択の基準の利用例が福地・伊藤[2011]101頁-にある。実証分析のモデル比較の際には，「AIC=…」と付記しておくことが望ましい。ただし，1本だけの推定結果にAICを付けても役に立たない。

第11章 計量ファイナンス

4 横断面データ回帰係数のHCSE

横断面（クロスセクション）データを使うK変量線形回帰モデルにおける不均一分散の検定について問題点を指摘した。その後，OLSの役割と誤差項の分散不均一性に頑健なWhiteのHCSE（不均一分散一致標準誤差）について，動機付け，数値例と共に説明した。

横断面（クロスセクション）データを使う場合，典型的な標準的仮定（山本[1995]48頁）からの崩れは，確率誤差項u_iの分散σ_i^2が$i=1,\cdots,n$について均一でないことである。ただしnは標本の大きさ。これを誤差項の分散不均一性（het-eroskedasticity）という。本節では，分散不均一性の検定に関する問題点を指摘した後，Whiteのいわゆる HCSE（Heteroskedasticity-Consistent Standard Error）を紹介し，その例を検討する。

■分散不均一性の問題点と検定

分散不均一であれば何が問題かというと，回帰係数の推定量の分布が確率誤差項に均一な分散を仮定して得られる推定量の分布とは異なるものとなり，したがって回帰係数の有意性検定をt検定やF検定で行うと，検定統計量の帰無仮説下の分布がtやFにならない点にある。つまり説明変数選択のための正しい有意性検定が行えなくなる。

もちろん不均一分散については様々な検定が利用可能である。例えばブルーシュ＝ペーガンの検定などが有名である（山本[1995]196頁など参照）。しかしほとんどの分散不均一性の検定は，特定の分散不均一モデルを対立仮説に仮定するので，誤って帰無仮説H_0：均一分散を特定の方向に棄却したら，次にやるべきはその特定の分散不均一性モデルを考慮した誤ったFGLS（実行可能な一般化最小二乗法）を行うことになる。つまり間違った変数加工を行ったモデルで，回帰係数を推定することになる。これは定式化の間違いである。またH_0：均一分散を棄却しなくても，他にも考慮すべき不均一分散モデルの検定は幾多ある。不均一性の検定はいくらやれば，それで済むというものではない。

■WhiteのHCSEの特長

異分散性は疑っているが，やはり慣れた最小二乗法で推定を行ってしまうのが，通常の分析者が置かれた状態であろう。そこで利用可能なのが，誤差項分

散が不均一であっても・なくても最小二乗推定（OLS）した回帰係数推定量の真の分散に関して一致推定量となるWhiteの標準誤差である。これはWhiteのHCSEと呼ばれ，日本語では「不均一分散一致標準誤差」（福地・伊藤[2011]57頁）と呼ばれるものである。

こうしてWhiteのHCSEを使えば，不均一分散性の検定やそれに伴うFGLSのことを気にせずに，OLSの結果を使って回帰係数の有意性検定などが行える。「一致」ということからわかるとおり，理論的には$n \to \infty$の議論である。

$$plim(se(\hat{\beta}_k)) = \sqrt{Var(\hat{\beta}_k)}$$

ただし$se(\hat{\beta}_k)$は推定量$\hat{\beta}_k$のHCSE，$plim$は確率収束，$\sqrt{Var(\hat{\beta}_k)}$は$\hat{\beta}_k$の真の標準偏差を表す。しかしよほどの小標本でもない限り実証分析では，計算されることが多い。理由は，HCSEが容易に計算できるので，数種類の小標本修正版を含めて通常使用されるソフトでOLS以外にも様々な推定法について利用可能な点にあろう。

■HCSEの例

HCSEの動機付けと数値例はMaddala et al.[2009]221頁にあるが，ここでは福地・伊藤[2011]65頁-の計算例を参照してHCSEの使用方法を説明する。この実証例はBaltagiの教科書から採ったもので，タバコの需要関数である。従属変数Yはタバコ需要量，X_2は価格，X_3は所得である。当然，β_2の符号条件は負であり，OLS推定値は-1.3432とそれを満たしている（福地ほか63頁）。HCSEを計算してもβ_2推定値は同じである。この点は，よく誤解されるところなので注意されたい。HCSEは，係数推定量に関する標準誤差なのだから，当たり前のことである。OLSに伴う$\hat{\beta}_2$の標準誤差$se(\hat{\beta}_2)$とHCSEのそれは各々，$se(\hat{\beta}_2) = 0.3246$と$0.33198$であった。解析的に証明されるものではないが，多くの場合HCSEのほうがOLSの標準誤差より大きい。HCSEのほうがOLSの標準誤差より大きいのなら，回帰係数の有意性検定ではHCSEのほうが保守的，つまり帰無仮説の$\beta_2 = 0$を棄却しにくくなる。

5 時系列データ回帰係数のHAC

> 時系列データを使うK変量線形回帰モデルにおける,確率誤差項の1階の系列相関(SC)を検定するDW検定統計量の問題点を指摘した。対立仮説が明確でない場合のOLSの役割と誤差項のSCに頑健なHAC (Heteroskedasticity and Autocorrelation Consistent Estimator) を説明した。

時系列データを使う場合,典型的な標準的仮定(山本[1995]48頁)の崩れは確率誤差項u_iと$u_j (i \neq j)$の間の共分散がゼロでないことである。これを誤差項に系列相関(SC:Serial Correlation)があるという。なぜ回帰モデルの確率誤差項にSCがあると問題かというと,SCがあると回帰係数の推定量の分布が確率誤差項にSCなしを仮定して得られる推定量の分布とは異なるものとなり,したがって回帰係数の有意性検定を行うと,帰無仮説H_0下の分布がtやFにならないからである。つまり説明変数選択のための,正しい有意性検定が行えなくなる。

■ダービン・ワトソン検定統計量DWの問題点

もちろん確率誤差項の系列相関については様々な検定が利用可能である。最も有名なものは,帰無仮説H_0が1階の系列相関係数$\rho=0$とするダービン・ワトソン(DW)検定であろう(山本[1995]206頁-など参照)。ところがDWでは,皮肉にもρのみが原因である場合以外で,検定量が棄却域に落ちてしまうことが多いので,$\rho \neq 0$であることの修正をすればより望ましい性質を持つ推定ができるとは限らない点にある。このことはMaddala et al.[2009]の6章数ヶ所に記述がある。1階の系列相関係数ρについて調べているつもりで,他のことについてもシグナルが出るのであれば,検定統計量の本来の役を果たしていないことになる。つまりH_0が正しくても,有意度以上の棄却率がある可能性が大きい。

以下では,DWが棄却されたとき,どのような事態が考えられるか述べる。結局,横断面の場合と同じく,誤った加工をしたFGLSに持ち込むより,OLS推定結果を使っての回帰係数の有意性検定などに使える「頑健な回帰係数推定量の標準誤差」を使うことが勧められる。

■DWが棄却域に落ちるケース

　経済やファイナンスのデータでは多くの場合，対立仮説は$\rho>0$なので，DW値がゼロ方向へ小さいのが棄却域である。①高次の系列相関を考える。例えば4半期データで季節性があれば，4次の系列相関が考えられよう。4次という特定の高次過程だが，一般的な高次の自己回帰過程でも1階の$\rho>0$は排除されないから，DWは棄却域に入るであろう（Maddala et al.[2009]261頁）。②自己回帰過程にある説明変数が欠落する場合で，含まれるべき説明変数を落として，K次の重回帰モデルの定式化を得たとする。もし落とした変数が自己回帰過程に従うなら，この場合もDWは棄却域に入るであろう。③非線形な定式化の回帰モデルが正しいとき，その真ん中を通る線形回帰モデルを推定したら，推定残差の符号がほとんど変化しない可能性があるので，この場合もDWは棄却域に入るであろう。④共通因子制約なる制約の検定がDW検定より先に行われるべきであると主張する誤った動学的定式化（Maddala et al.[2009]263頁）の場合も，もしDW検定を初めに行ったらDWは棄却域に入るであろう。①～④では，$H_0:\rho=0$を含む他の主たる要因でH_0が棄却される可能性を指摘した。

　以上とは逆に，DWが$\rho=0$を支持する場合，すなわち検出力が低下する場合もある。説明変数にY変数のラグがあるとき，山本[1995]216頁は，$\rho>0$が真の状態でもDWは$H_0:\rho=$を棄却しない例があることを説明している。

■HAC分散行列推定量

　上記のようにDWは，$\rho>0$が本質的でない場合にも反応するが，棄却したら対処法を真剣に考えなくてはいけない。しかし，真の状態はどうあれ線形回帰モデルの枠内で，回帰係数の有意性検定を行って変数選択を行えれば良い。このために利用できるのが，横断面の場合と同じような回帰係数推定量のSCに頑健な標準誤差HAC（Heteroskedasticity and Autocorrelation Consistent Estimator）である（福地・伊藤[2011]78頁と91頁を参照のこと）。HACもまた，計量経済分析のほとんどのソフトに組み込まれているので容易に利用できる。回帰係数の推定値は，HACを計算しても・しなくても変わらないなどHCSEと似ている。時系列データ回帰の統計的推測には，とにかくHACを使うことを勧めたい。

第12章　ファイナンスと税

1 金融所得課税の一体化

> 金融所得課税の一体化とは，現在，預金利子，債券利子，株式配当，株式譲渡益等々と分けられ，別々の課税方式がとられている金融所得について，これらすべてをひっくるめて「金融所得」というカテゴリーにまとめ，全部同じ課税方式にしよう，またそれにより，お互いの損益の通算も認めるようにしようということである。

■金融所得課税の一体化とは

金融所得課税の一体化とは，現在，預金利子，債券利子，株式配当，株式譲渡益等々と分けられ，別々の課税方式がとられている金融所得について，これらすべてをひっくるめて「金融所得」というカテゴリーにまとめ，全部同じ課税方式にしよう，お互いの損益の通算も認めるようにしようということである。

■金融所得課税一体化答申の意義

平成16年6月15日の税制調査会金融小委員会答申は，その題のとおり，「金融所得課税の一体化についての基本的考え方」を示したものであり，出されてから日数は経っているものの，その内容は現在でも十分通用する立派なものである。この答申は，「貯蓄から投資へ」，言い換えれば「間接金融から直接金融へ」という政策的要請があるということを前提として議論が組み立てられている。プロの投資家だけでなく，今まで「貯蓄」を中心に資産運用を行ってきた一般の個人にとって，より一層「投資」を行い得る環境を整備する必要があるという前提である。

この答申では，「我が国の所得税制は，包括的所得税を基本として構築されているが，金融所得課税については，課税ベース拡大のための取組みの中で，税制の中立性，簡素性，適正執行の確保などの観点から，比例税率による分離課税が導入されてきた。今般の金融所得課税の一体化は，現下の『貯蓄から投資へ』の政策的要請を受け，一般投資家が投資しやすい簡素で中立的な税制を構築する観点から現行の分離課税制度を再構築するものである。」と，分離課税を続けながら改良していく旨が明確に述べられている。

なお，「貯蓄から投資へ」（間接金融から直接金融へ）の政策的要請に答えることを1つの目的にしているが，従来なら，「租税特別措置による貯蓄優遇から投資優遇へ」という議論になりがちであるところを，課税の中立性を保ちつ

つ，競争条件を同じくする（level the playing field）ことによりそれを達成しようとしている点も，極めてまともであり，評価できる点である。

■金融所得一体化答申の主要な内容

この答申の構想の主たる内容は，具体的には次の2点である。

① 金融商品や所得の種類ごとにばらばらになっている課税方式を均衡化する。言い換えると，金融所得をひっくるめて，他の所得と分離して，比例税率で課税する。（税率については，はっきり書かれてはいないが，20％分離課税に統一するということのようである。）

② 株式譲渡損失との損益通算を認める範囲を，できるだけ広げていく。

■課税方式の均衡化

金融所得をひとまとめにして，他の所得から分離し，比例税率で課税することは，答申が述べているように，一般投資家が投資しやすい簡素で中立的な税制を構築する観点から必要であるが，それ以外にも，所得分類によって税負担に差があると，デリバティブによって所得分類を変換することによって節税をはかりやすくなる，金融所得間の損益通算が仕組みにくくなる，さらには，租税裁定が働き，タックス・プランニングの余地が残るという問題が生ずる。

■平成20年度，25年度の税制改正

平成20年度の税制改正で，平成21年1月から，上場株式等の譲渡損（すべて申告分離課税）を，申告分離課税を選択した配当所得と，損益通算できるようになった。なお，源泉徴収口座内の株式譲渡損の損益通算は平成22年1月から可能となっている。

平成25年度の改正で，特定公社債の利子，譲渡益（譲渡益とみなされる償還益も含む）については，上場株式等の配当，譲渡益と同様に，20％の申告分離課税の対象とするとともに，上場株式等の配当，譲渡損の損益通算制度の対象とすることとされた。

2 租税裁定

第12章 ファイナンスと税

> 金融商品AとBが存在し，税引前利回りは同じとする。BがAより課税上有利に扱われると，Bの税引後利回りはAのそれより高くなる。投資家はAを売ってBを買おうとする。Aの価格は下がりBのそれは上がる。Aの税引後利回りは上がりBのそれは下がる。完全競争を前提とすると，税引後利回りが等しくなるまで，この租税裁定が続く。

■租税裁定の具体例

今，金融商品Aと金融商品Bの2つがあり，税金がないときには，どちらの利回りも10％とする。

ここで税が入ってきて，金融商品Aは20％の税率で分離課税，金融商品Bは非課税となったとする。税引き前利回りが10％のままであると，それぞれの税引き後利回りは次のとおりとなる。

	税引き前利回り	税引き後利回り
A	10％	8％
B	10％	10％

金融商品Aと金融商品Bとの間でリスクに差がないとすると，BのほうがAより有利だということになる。通常の日本の課税論議はここで終了してしまうので，税制改正においては，自分の業界の商品の税率は低くせよ，できれば非課税にせよとの大合唱が起こることになる。しかし，ミクロ経済学の理論に従って考えると，状況は，ここでは終わらない。

Bのほうが有利なので，投資家は，Aを売って，Bを買おうとする。すると，Aの商品価格が下がり，Bの商品価格が上がる。結果として，Aの税引き前利回りは上昇し，Bの税引き前利回りは下降する。市場が完全競争の状態にあると，税引き後の利回りが同じになるまで，この動き（租税裁定（Tax Arbitrage））が続くことになる。その結果，

	税引き前利回り	税引き後利回り
A	11.25％	9％
B	9％	9％

といった状況に，最終的にはなるはずである。税は，税引後利回りに影響を与えるだけでなく，租税裁定を通じて税引前利回りにも影響を与えるのである。

非課税商品の税引き前利回り（9％）は，課税商品の税引き前利回り

(11.25%) より2.25%低くなるが，これを「隠れた税金（implicit taxまたはhidden tax）」という。他方で，課税商品に係る税は，11.25% − 9 % = 2.25%であり，「明示された税金（explicit tax）」と呼ばれる。

　税制上の取扱いの異なる商品がいくつかある場合に，それぞれの商品について，explicit taxとimplicit taxの合計（total tax）を計算すると，市場が完全競争の状態にあれば，どの商品についても同じことになる。

	explicit tax	implicit tax	total tax
A	2.25%	0 %	2.25%
B	0 %	2.25%	2.25%

■タックス・クライアンテル

　ここまでは，20%分離課税を前提としてきたが，ここで20%は源泉徴収税率であり，個々の投資家（法人）は，金融商品から得られる利益を含めて合算した所得に自分の税率をかけて計算した税額から金融商品に係る源泉徴収税額を控除した金額を納税すると考える。ただし上記の租税裁定はそのまま成り立っている，すなわち，租税裁定の結果のA，Bのexplicit tax，implicit tax，total taxはそのまま成り立っているものと仮定する。自分の税率が低い投資家，例えば，公益財団法人・公益社団法人のような非課税法人は，非課税商品を買うと税引後の利回りは 9 %だが，課税商品を購入すれば税引後の利回りは11.25%になるので，課税商品を購入したほうが，得になることになる。自分の税率が高い投資家，例えば，税率30%で課税される大法人は，非課税商品を買えば税引後の利回りは 9 %だが，課税商品を買うと税引き後の利回りは11.25% × (1 − 0.3) = 7.875%になるので，非課税商品を買うほうが有利である。このような個人の税率により有利な商品，不利な商品が変わってくる現象を，タックス・クライアンテル（tax clientele）と呼ぶ。なお，有利不利の境となる個人の税率は，非課税商品のimplicit tax 2.25%を課税商品の税引前利回り11.25%で割った20%（これはimplicit tax rateと呼ばれている）である。Implicit tax rateより自分の税率が高い納税者は，非課税商品を買ったほうが有利となる。

第12章 ファイナンスと税

3 損益通算とリスク

損益通算とは,違う所得間で,黒字と赤字を相殺することである。税は,所得のあるときには課税されるが,所得が赤字の時には還付されない。赤字になるリスクのない商品と,赤字になるリスクのある商品を比べると,税があり,損益通算がないと,後者は前者に比べ,絶対に不利になる。損益通算はリスクのある商品が,リスクのない商品との中立性を保つために必要である。

■損益通算はなぜ必要か

損益通算は,リスクのない商品と,赤字(元本割れ)になるリスクを抱えた商品との間で,税制が中立的であるためには,絶対に必要なものである。

金融商品Cはリスクがない商品,金融商品Dは赤字(元本割れ)になるリスクがある商品としよう。

まず,税が存在しない場合を考えてみよう。

金融商品C　100%の確率で税引き前利回り5%と仮定
金融商品D　80%の確率で10%の税引き前利回りが得られるが,20%の確率で利回りが▲15%となると仮定。税引き前の予想平均利回りは,

$$80\% \times 0.1 + 20\% \times (\blacktriangle 0.15) = 5\%$$

したがって,税がない場合には,CとDは経済的に同値であり,どちらが有利かわからない。80%の確率しかないが10%の利回りを狙うハイリスク,ハイリターンを好むか,リスクなしに5%の利回りを狙うローリスク,ローリターンを好むかの選好の問題となる。

次に,どちらも20%で分離課税されると考える。

まず,損益通算はないものと仮定すると,100万円ずつ投資した場合の,税引後の利息は,次のとおりとなる。

金融商品C　$100万円 \times 0.05 \times (1-0.2) = 4万円$
金融商品D　幸い10%の利回りが得られたとき
　　　　　　$100万円 \times 0.1 \times (1-0.2) = 8万円$
　　　　　利回りが▲15%になってしまったとき
　　　　　　$100万円 \times (\blacktriangle 0.15) = \blacktriangle 15万円$
　　　　　確率は80%,20%であるから
　　　　　　$80\% \times 8万円 + 20\% \times (\blacktriangle 15万円) = 3.4万円$

したがって、税があり、かつ、損益通算が行われないときには、赤字になるリスクのある商品は、リスクのない商品に比べて絶対的に不利になる。これは、損益通算されないので損が出た分は何も考慮されず、利益の出た分だけ課税されるからである。

次に、金融商品Dの損を他の所得（20％分離課税の所得）と相殺することを認めることにする。すなわち、損益通算を認めるとすると、▲15万円になったとき損益通算後の手取りは、

$$▲15万円 \times (1 - 0.2) = ▲12万円$$

の損にとどまる。したがって、損益通算されると、全体では、

$$80\% \times 8万円 + 20\% \times (▲12万円) = 4万円$$

となり、課税後でも、リスクのない商品と同等になる。

したがって、赤字になるリスクのある商品について、損が出た場合には他の利益との損益通算を認めることが、リスクのない商品との中立性を保つためには必要ということになる。なお、損益通算を認めるためには、損の出た所得と益が出た所得とが同じように課税されるものであること、すなわち、金融所得の課税方式が均衡化していることが前提条件となる。

■分離課税と損益通算

税率20％で分離課税される金融所得と、総合課税の税率40％の納税者の他の所得との間で損益通算を認めることは、税制上合理的なのだろうか。金融所得がプラスのときには税率20％で課税されるのに、マイナスのときには損の40％分税金が減ることを認めるのはおかしいという考え方である。平成16年の税制改正で、それまで認められてきた不動産の譲渡損失について、損益通算を廃止したのはこの考え方である。損益通算をするためには、損の出た所得と益の出た所得とが、同じ税率で同じように課税されていることが前提となるのである。リスクのある商品が、リスクのない商品に比べて不利にならないように、損益通算を認めるためにも、金融所得の一体化課税—すべての金融関係所得をひっくるめて同じ所得カテゴリーに入れ、同じように課税する—が大事なのである。

第12章　ファイナンスと税

4 金融機関の付加価値税

> 現在、金融機関には、手数料収入を除き、消費税が課税されていない。これは、消費税の課税標準たる付加価値が金融機関についてはハッキリしないからである。理論的には、貸出利率と預金利率の間に、市場利子率という線を引くことで解決できるが、市場利子率がいくらかを税法で決めるのは実務的に難しい。さらに、リスク・プレミアム分を外すという難題も残っている。

■金融機関に消費税が課税されていない理由

現在、金融機関には、手数料として顧客から取得しているものを除き、消費税が課税されていない。これは、消費税の課税標準たる付加価値が金融機関の場合はっきりしないからである。

■金融機関の付加価値

金融機関の付加価値は何か、銀行を例にとって考えてみる。なお、リスクはないものとして考える。

預金者から7％で預金を集め、12％で企業に貸しているとき、銀行の付加価値はいくらか。答えは、12％－7％＝5％分である。では、それは、銀行の誰に対するサービスの対価なのか。ここがハッキリしないために、銀行には消費税がかかっていないのである。

理解のカギは、7％と12％の間に、市場利子率という線を1本引くことである。

いま市場利子率が10％であるとしてみよう。

```
─────────────────────── 12％（貸出利率）
    企業に対するサービスの対価
─────────────────────── 10％（市場利子率）
    預金者に対するサービスの対価
─────────────────────── 7％（預金利率）
```

預金者は、自分の余った金を投資するのに自分自身で貸付先を見つけられれば10％の利子をもらえるが、それはできないので、銀行に預けて運用してもらう。銀行の預金者に対する資金運用サービスの対価は、10％の市場利子率と7％の預金利率の差3％である。

企業は、自分で投資家を探せれば10％の利子を払うだけで済むが、それはできないので、銀行に預金という形で金を集めてもらってそれを借りる。銀行の企業に対する資金調達代行サービスの対価は、貸出利率と市場利子率の差2％である。

　したがって、銀行は3％＋2％＝12％－7％＝5％分のサービスを行っているのだから、この5％分に消費税率をかけたものを、自己の納めるべき消費税額として、納税すればよい。また、貸付を受けている企業は、2％分に消費税率をかけたものを、仕入れ税額控除すればよいことになる。

■市場利子率

　では、この市場利子率はいくらか。実際には市場利子率はたくさんあるので、どの利子率を用いて計算すべきかを決めることが、きわめて難しい。金融機関の付加価値が5％であることは疑いがないが、市場利子率がいくらか確定できないため、預金者に対するサービス部分がいくらで、企業に対するサービス部分がいくら（企業が仕入れ税額控除できるのはいくら）かがはっきりしないところが、この理屈を現実の課税に結びつけるのを難しくしている。

■リスクに対する報酬

　金融機関の利子は、金融機関のサービス提供の対価としての要素のほかに、上記では無視しておいた、様々なリスクに対する報酬の要素（リスク・プレミアム）が含まれている。利子にリスク・プレミアムが含まれていることは、まず預金者にとっては、リスクを抱えた金融機関に預金する場合と安全な金融機関に預金する場合とでは、受け取る利子が異なることに現れている。他方、金融機関が、貸出を行う際には、貸付債権の貸倒れのリスクを引き受けることになるから、倒産の危険が大きい貸付先への貸付はその分貸付利率が高くなることに現れている。このリスク・プレミアムは、リスクを引き受けることそれ自身に対する報酬であって、付加価値を何も生み出していない。したがって、このリスクに対する報酬部分も消課税は課税すべきでないということになる。このことが、金融機関に対する消費税の課税をさらに難しくしているのである。

第12章　ファイナンスと税

5　デットとエクイティの区分の相対化

> 税法上，社債と株式では扱いが相当違っている。しかし，中間的なものが世の中に出回っているのに，発行者がどう名づけたか（社債か株式か）で扱いを分けてよいのか。アメリカは財務省に実態に応じて課税を振り分ける権限を与えている。しかし，両者を同じに扱うようにしないと解決しない。法人税法の根本にかかわる問題である。

■株式と社債の課税上の区別

我が国に限らず多くの国において，デット（debt：社債）とエクイティ（equity：株式）とでその課税関係に大きな差のあるシステムがとられている。発行会社の側では，支払利子は損金算入できるが，支払配当は損金算入できない。投資家側では，法人投資家の受取利子は通常課税だが受取配当は益金不算入，個人投資家の受取利子は通常課税だが受取配当は配当控除が適用される。

■ハイブリッド証券

しかし，もともとこのような株式と社債の区別は人為的に作り出されたものであり，普遍的なものではないので，これらの中間的性質を有するものを人為的に作り出すことも，また可能である。商法が改正されて種類株式の発行が認められるようになった一方で，各種の社債も発行が可能という商法の解釈をするようになってきたので，我が国でも中間的な性格を有するもの，いわゆる「ハイブリッド証券」が，次々に出てきている。

ハイブリッド証券の例として，永久劣後債と優先株の例をとりあげ，考えてみよう。この2つは，投資元本の回収時は会社消滅時，議決権はない，投資回収上の優先順位は一般債権の下・普通株式の上と，経済的には極めて似通っている。違うのは，債権・株式という名前と，貸借対照表上の位置だけである。にもかかわらず，片方は債券，他方は株式という名前がつけられているために，課税関係には大きな差があるということが，合理的であるとは考えられない。デットとエクイティに関する法人税法上の取扱いを変えるべき時にきているのかもしれない。

■デットとエクイティの課税の将来の方向

アメリカでは，IRC385条により，財務省に対し一定の指針のもとにデットとするかエクイティとするかを決定する裁量権が与えられている。しかしなが

ら，本質的な問題はこの2つを区別できないということにあるのであるから，税務当局に判断権限を与えても，問題は解決しない。税法上デットとエクイティの取扱いを同じにする以外に根本的な解決方法は考えられない。

　税法上，債券と株式の取扱を同じにする1つのやり方は，法人段階では，債券の利子も株式の配当と同様に損金算入は認めない方法である。1992年にアメリカ財務省が提案したCBIT（Comprehensive Business Income Tax，包括的事業所得税）は，この考え方をとっている。2つ目のやり方は，イギリスの経済学者ジェームズ・マーリーズ（James Alexander Mirrlees）が中心になって2010年に公表された税制改革指針Mirrlees Reviewに示されたACE（Allowance for Corporate Equity）の考え方である。法人税の課税ベースを，投資にかかわる正常利潤を差し引いた，超過利潤のみとする。正常利潤は，設備投資の残存価値×市場金利とされる。負債の利払費だけでなく，株式の正常利潤の控除も認めることによって，株式調達と負債調達に対する課税上の差別が解消される。

　これらを実施することによって，債券の利子と株式の配当を同じ取扱いにするということは，債権者と株主を同等に扱うことを意味する。会社は株主の集合体であり，株主は債権者等の他のステークホルダーと全く違う立場であるという法人税法の基本になっているこれまでの法人観を根本から覆すことになる。

　したがってこの問題は，単に債券の利子と株式の配当の扱いをどうするかにに止まらない，租税法の，あるいは会社法まで含めた，基本に触れる問題なのである。

第12章 ファイナンスと税

6 ケアリー・ブラウンの定理

「税率が一定（投資をする時と果実を得る時で税率が同じ）であれば、投資額を初年度（投資時）に全額損金算入することを認めることと、投資から生ずる所得（果実）を全額非課税とすることは、経済的に同値である」というのがこの定理である。この定理からすると、日本の公的年金は二重に非課税になっていることになる。

■ケアリー・ブラウンの定理

「税率が一定であれば、投資額を初年度に全額損金算入すること（即時償却）を認めることと、投資から生ずる所得を全額非課税とすることは、経済的には同値である」というのが、ケアリー・ブラウンが証明した定理であり、この数値的説明は次のとおりである。

[ケースⅠ]

納税者Tは、資産Xを年度0（ゼロ）の最終日に1,735円で買った。Tは資産Xから、年度1に1,000円、年度2に1,000円の収益を得る。

資産Xの2年度末における残存価額はゼロである。市場利子率は10％とする。資産Xのもたらす所得は非課税とする。

なお、資産Xの年度0最終日における価額は、資産Xが年度1および年度2にもたらす収益の割引現在価値に等しいので、1,735円となる。

$$\frac{1000}{1.1} + \frac{1000}{(1.1)^2} = 1735$$

	0年度	1年度	2年度
税引前キャッシュフロー	▲1,735	1,000	1,000
税引後キャッシュフロー	▲1,735	1,000	1,000

[ケースⅡ]

事実はケースⅠとほぼ同じであるが、資産Xのもたらす所得に実効税率50％で課税する。その代わり、納税者Tは、年度0に資産Xの取得価額を全額所得から控除することができる。

取得価額の全額控除のために、納税者Tの年度0における租税負担が、投資額×税率分だけ減少する。したがって、Tは、3,470円を支払って資産Xを2つ購入しても、年度0における税引後のキャッシュフローはケースⅠと同じ▲1,735円となる。そこでTは資産Xを2つ購入する。この2つの資産は2,000円の

収益を年度1と年度2にもたらすが，この収益には50％の税率で課税が行われる。

	0年度	1年度	2年度
税引前キャッシュフロー	▲3,470	2,000	2,000
収益	0	2,000	2,000
投資額の全額所得控除	▲3,470	0	0
課税所得	▲3,470	2,000	2,000
税額（税率50％）	1,735（還付）	▲1,000	▲1,000
税引後キャッシュフロー	▲1,735	1,000	1,000

ケースⅠの税引後キャッシュフローとケースⅡの税引後キャッシュフローは同じである。すなわち，経済的には同値である。

■ケアリー・ブラウンの定理が年金課税に意味するもの

ケアリー・ブラウンの定理は，年金等の金融資産への投資にも応用できる。

年金について言い直せば，年金の保険料を払う時（投資する時）に全額所得控除を認めることと，給付される年金（投資の生む果実）を全額非課税にすることとは，税率が一定であれば，経済的に同値であるということになる。したがって，保険料の全額所得控除（社会保険料控除）を認めたうえで，年金を非課税にする（あるいはかなり大きな控除を認める）と，いわば二重に非課税措置を講じたことになってしまうのである。したがって，日本の年金税制は理論的におかしい，甘すぎるということになる。

第13章　ファイナンスと法

1 ファイナンスと「法と経済学」

ファイナンスとは，企業の資金調達，すなわち企業金融の問題であり，法律と経済学の交錯する「法と経済学」の研究対象となる。ファイナンスを「法と経済」の立場から考察することはその理解を一層深めることとなる。ファイナンスといった財務論を法律学的な立場から考察する必要がある。ファイナンスの深い理解には「法と経済学」の知識は不可欠である。

■「法と経済学」とは何か

「法と経済学」の基本的な考え方は，新古典派経済学的に法律にアプローチすることである。「法と経済学」理論の基本的な考え方は新古典派経済理論の完全市場理論に基づくことである。新古典派経済学の理論によれば市場が完全市場であるときにのみ市場で取引される財が最も効率的に配分される。ファイナンスに即していえば資金調達は完全競争市場においてのみもっとも効率的に配分される。新古典派経済学理論にいう完全競争市場とは，次の4つの条件を満たす市場である。

①　取引される財の同質性　　まず完全競争が成立するためには，取引される財の同質性が必要である。ファイナンス理論の中心となる金融商品（有価証券）の取引される金融商品市場は，原則としてこの要件を満たす。金融商品（有価証券）にはこのように品質の同一性があるからこそ取引が容易であるといえる。逆にいえば取引されるものについて同質性を求め，流通しやすくするのが有価証券化である。

②　多数の需要者と供給者　　市場における多数の需要者と供給者の存在とは，需要者と供給者，すなわち金融商品（株式）の買い手と売り手が，ともに多数にのぼり，かつ個々の需要者と供給者の取引量が市場全体としての取引量に比べてごくわずかであり，個々の売り手と買い手は単独でどのように行動しても，ほとんど市場価格に影響を与えることはない，すなわち価格は所与のものとして行動するということを意味する。このように完全競争市場取引においては，取引当事者は対等であり，どの当事者も単独ではその価格の決定をなしえないことを要請する。

③　情報の完全性　　完全競争市場における情報の完全性とは，その取引される金融商品（有価証券））の内容，性質に関する情報が市場におけるすべての需要者と供給者に行き渡っていることである。完全競争が行われるには，市場においてすべての情報が開示されなければならない。一方の当事者にのみ情

報が偏って開示されることは不公平を招くこととなる。情報の完全性の要請にはその情報の内容に対する規制も含まれる。

　④　参入と退出の自由の要請　　市場が完全競争となるにはいつでも誰でもその市場への出入が自由でなければならない。しかし実際には新しい売り手や買い手の参入の自由についてはきわめて強力な規制がある。例えば株式市場に上場するには，一定の上場基準を満たさなければならない。また証券会社についても免許制がとられ，その手数料等についての厳しい規制が効力を有しているのは多くの参入規制があるからである。その他実際に多くの市場は完全競争市場ではない。

■ファイナンスの「法と経済学」

　ファイナンス法とは，企業金融に関する会社法，金商法等の法的規制である。会社法上のファイナンス法としては資金調達としては株式，社債，新株予約権，新株予約権付社債がある。これらの規制については常に「法と経済学」からの視点が重要である。

　会社法では資金調達に関する株式，新株予約権，社債，新株予約権付社債等の規制があるが，特にこれらの商品の「格付け」が重要なファイナンス問題となる。この場合は完全競争原理が予定されている。

　金商法のファイナンスに関する金融商品には，有価証券のほか，デリバティブ取引等がある。それらの規制に共通する目的はその規制により金融市場が市場原理で機能する枠組みを提供することである。このような資金調達方法である。特にデリバティブに関しては金商法に詳細な規定がある（金商法2条24項等）。デリバティブ取引は「原資産」と「金融指標」で決定される。例えば原資産として，有価証券，預金，通貨，デリバティブ取引等が，「金融指標」とし経済指数等がある。なおデリバティブ取引は，市場で取引されるもののほか市場外取引されるものがある。この市場性のあるものは，完全競争市場において価格が決定されることが予想されている。なおデリバティブ取引は有価証券は投資判断に資するため金融商品取引法の開示規制と行為規制の両者が適用されるのに対し，デリバティブ取引は開示規制は適用されず，投資者に対する情報提供は販売・勧誘に係る行為規制（書面交付義務等）を通じて確保される。

　このように見てみると，ファイナンスを分析する上で「法と経済学」の考え方は有益な分析方法と考えられる。現実のファイナンスは必ずしも経済理論に合致しないため法的規制が有効性を発揮するのである。

第13章　ファイナンスと法

2　ファイナンスと「法と会計学」

> ファイナンスを法律と会計の両側面から研究を行うのが「法と会計学」である。ファイナンスを「法と会計学」の立場から見れば，より詳細な視点から研究を進めることができる。ファイナンスはとりわけこれを規制する法令のほか，会計処理に関する会計基準によっても市場に大きな影響を与えることがある。

■法と会計の関係

「法と会計学」とは，会計学を法的視点から検討する学問である。会計学とは，ある経済主体の経済活動を第三者的立場から評価し，記録し，報告する制度である。この会計を法的に評価するものが「法と会計学」の基本的視点である。法律問題はすべて権利・義務の発生・変更・消滅に帰着する。これに対し，会計は経済主体（例えば会社）の経済活動を経済実態に即して表わす。

■会計事実の真実性の担保

ファイナンス規制が金融商品取引市場において十分機能するにはその市場が完全市場として機能することである。そのための最も重要な要件のひとつは，公開される情報の完全性である。情報の完全性を確保するためには情報の内容に対する規制が必要である。市場において完全競争により財が効率的に配分されるには，その価格，財の品質に関する情報が完全なものでなければならない。もし情報が不完全なものであれば，財の配分にゆがみを生ずるからである。情報の完全性とは，情報の内容，量，開示のタイミング等が完全であることである。その中で最も重要な要素が情報内容の正確性である。しかし会計情報の真実性は常に相対的なものであるため，それが何らかの基準に合致さえしていれば，一応正確なものとみなすこととしている。この基準のひとつが会計基準である。このような会計基準は必ずしも客観的でかつ正確なものでもなく，もしその基準を変えれば，実は経済の内容も変わるというきわめてあいまいなものでもある。

株式の価格はその株式発行会社の企業評価に関する情報を反映して形成される。株式価格形成にとって最も重要なものは，企業評価に関する情報である。企業評価に関する情報とは，企業全体の資産価値の評価に関する情報である。評価情報の測定は会計基準に基づいて行われている。このような会計規準は企業評価に関する完全な情報を提供するものでなければならない。もしその企業

評価情報が歪んだものであれば、結局のところ、その市場で行われる財（資金）の配分にも歪みが生ずるからである。このような会計に関する会計基準には、企業会計原則をはじめとして多くの規制がある。

■情報開示と会計規制

　ファイナンスは多くの場合企業の資金調達を意味するが、そのうち「法と会計学」に関係が深いのはデリバティブ取引である。デリバティブの法律上の定義については金融商品取引法（金商法）および内閣府令たる財務諸表規則、にある。会計処理については企業会計基準等に詳細な規定がある。企業会計法は、会社法、金商法、法人税法の影響を相互に受けており、これをトライアングル体制（3角体制）という。3つの法制度は相互に影響しあっている。法と会計の交錯する問題としては、会計処理、情報開示等が重要な問題となる。

　金融商品取引法において金融商品等に関する情報開示が求められるのは、金融商品取引においては、情報が有価証券価格に大きな影響を及ぼすからである。そのため金融商品取引の公正さの確保の観点から要請されるのは、その開示される情報の真実性の確保である。開示情報の真実性の確保の方法として、金融商品取引法では開示義務を課す財務情報について公認会計士・監査法人という監査のプロの監査を受けさせるとともに、その開示情報によって損害を生じさせたときは、損害賠償責任を負わせ、さらにそれが悪質な場合、すなわち違法性が強い場合には、刑事責任も科している。情報開示は金融商品取引が行われる市場取引に関する場合はもちろんのこと、市場取引でないような有価証券発行時においても要請されている。したがって開示情報の真実性の担保の要請も、これらの市場の内外を問わず、広く求められている。しかし重要なものは、市場における開示である。発行市場における情報開示は、必ずしも金融商品取引法上の金融商品市場のみに限ったことでなく、広い意味での市場、すなわち一般投資家に対しても情報開示がなされる。流通市場における情報開示規制は、主として金融商品取引法上の「金融商品市場」のほか、間接的にはこれ以外の投資家すなわちこれから投資をしようとする者に対してもなされる。流通市場における情報開示は、特に有価証券の価値に関する情報を中心に開示させることにより、有価証券の公正な価格の形成を目的とするものである。

　このように見てみると、ファイナンスを会計学的に分析する上で「法と会計学」の考え方はきわめて有益な分析方法と考えられる。

第13章　ファイナンスと法

3　会社法と「法と経済学」

　会社法は大きく組織（機関＝ガバナンス）の問題とファイナンス（資金調達）の問題に分かれる。しかしガバナンスもファイナンス経済学に関するものとして「法と経済学」の視点から研究することができる。

■会社法の経済理論による規制

　会社法の規制のあり方（ガバナンス）について「法と経済学」の立場からは市場原理に委ねるのが最も適切な規制方法と考えられる。新古典派経済理論によれば，それぞれの経済主体は自らの利益の最大化を目指して行動する合理的経済人である。合理的経済人の典型が会社であり，会社の典型が株式会社である。会社は一定の事業を行い利益をあげ，その利益を構成員たる株主に分配することを究極の目的としている。もし会社のように組織を作らずに個々人がそれぞれ個別に経済活動を行う場合には，多額の取引費用を要するが，会社を組織し継続的に取引を行うとそれらの費用が節約できるメリットがある。このように継続的取引活動を行うために人々が結合し組織化したものが，法人制度＝会社制度であり，会社組織の存在意義は，経済的には取引費用を減少させるためである。

　新古典派経済理論によれば，このような経済主体である企業により利益の最大化が行われるためには，企業の実際の生産，経営活動に参加する人々のサービスやその他の生産要素のそれぞれについて完全競争的な市場が存在することが必要である。そしてそれぞれの生産要素の価格が完全競争市場で決定される場合には，市場価値評価に基づき明示的に産業全体が生み出す価値の最大化が行われる。会社が行う他の生産要素に対する支払いがすべて完全競争的市場で行われると仮定すると，産業全体の生み出す剰余最大化は企業組織内部で生産される付加価値の最大化の問題と同じことになる。株主が経営者を適切にコントロールして剰余最大化を実現することは，社会的に見た企業の価値の最大化をも意味する。

■会社法とリスク

　株式会社は何らかの事業（取引の束）を行うために組織化される。事業を行うために株式会社は，一定の資金を必要とするが，これを満たす行為を資金調

達（ファイナンス）という。資金調達のような経済行動（この場合には投資）には一定のリスクが生ずるが、株式はこのリスクを最少化することによって多くの投資家を引きつけ、株式を発行する株式会社は現在資本主義社会の主役となった。株式を購入した投資家から見れば、株券は資金を投資したことを示す証券であるが、投資家が自ら事業を行う代わりに、会社を通じて事業を行うことにより、①有限責任（実は無責任、すなわち出資額以上の責任を負わない）、②分散投資（多くの株式に分かれており、株式1つあたりのリスクは少ない）、③株式譲渡（株式はいつでも譲渡することによって投資から手を引くことができる）、によってそのリスク（投資額の損失のおそれ）を回避することができる。このように株主は株式会社の債務に対して有限責任を負っているのと同時に、会社の利益から全債務を控除した剰余に対する請求権も有するのである。

■会社法とガバナンス

株主は会社の実質的所有者であり、会社に生じた剰余が最大になるように、会社経営者の行動をコントロールする権限を有する。しかし企業の経済価値と株主にとっての「会社」の市場価値の最大化は必ずしも一致しないのが普通である。会社が最大の利益をあげるためには、会社がその行動においても、常に最少の費用で最大の効果をあげるように行動しなければならない。新古典派経済理論によれば、市場において取引に参加する個々人は、最少の費用で最大の効果をあげるべく行動していると仮定される。しかし会社制度が発展し資本家と経営者が分離し大会社となった場合には、株主の利益と会社の利益とが必ずしも一致しなくなる。すなわち、①企業が、企業組織が全体として生み出す経済的価値すなわち「企業の価値」を最大化するように運営されなければならない、という要請と、②「（株式）会社の価値」、すなわち株主にとっての将来剰余の現在市場価値（株価）、を最大化しなければならない、とする要請は、必ずしも調和しない。そこで経営者の行動をチェックする制度として④⑤⑥がある。④動機付け、例えば報酬を出来高制にするのがこれである。⑤危険負担の配分制度の導入、例えば損失を与えた場合には損害賠償責任を課す制度、あるいは取締役を任期制度にして任期を更新するかどうかでチェックすることがこれである。⑥またモニタリングシステムとして代理人理論、すなわち株主と取締役との関係は代理人理論でチェックできるとする考え方がある。すなわち取締役が株主たる本人の代理人として会社の経営を行うとする考え方である。

第13章 ファイナンスと法

4 金商法とファイナンス

ファイナンスに関する法律としては金商法（金融商品取引法）がある。金商法は，有価証券およびデリバティブ取引を規制する法律として最も重要である。金商法の規制はその経済的効果を狙っているとも考えられ「法と経済学」的研究に最もふさわしいものである。

■金商法の規制

金商法は市場経済制度による規制を行っている。現在の資本主義経済社会において，最も市場らしい市場が金融商品取引市場である。金融商品市場の開設は金融商品取引所（証券取引所）に独占的に認められている。金融商品市場においては有価証券が取引されるが，有価証券の中でも最も重要なものが株式である。金融商品取引市場では株式の取引により資金と支配権が取引される。金融商品市場が市場として十分機能すること，すなわちこれが完全市場である場合には，経済社会全体における資金を効率的に配分すると同時に，株式が表章する会社支配権を，効率的にすなわち最も支配能力のある者に会社支配権が配分されることになる。これが新古典派経済理論における金融商品市場に対する基本的な考え方である。

■完全競争市場

市場が完全市場であるときは，その財（資金）が最も効串的に配分される。したがって金融商品市場が完全市場であれば，金融商品式が最も効率的に配分される。すなわち資金は最もこれが効率的に使われる者に，支配権は最も支配能力がある者に配分される。完全競争市場は，原則として次の4つの条件を満たすものである。

① 取引される財の同質性　完全競争が成立する第1の条件として，取引される財の同質性が必要である。有価証券は，原則としてこの要件を満たすものといえよう。

② 多数の需要者と供給者　多数の需要者と供給者の存在とは，需要者と供給者，すなわち株式の買い手と売り手が，ともに多数にのぼり，かつ個々の需要者と供給者の取引量が市場全体としての取引量に比べてごくわずかであり，個々の売り手と買い手は単独でどのように行動しても，ほとんど市場価格に影響を与えることはない，すなわち価格は所与のものとして行動するという

ことを意味する。

③　情報の完全性　　完全競争市場における情報の完全性とは，その取引される株式（財）の内容，性質に関する情報が市場におけるすべての需要者と供給者に行き渡っていることである。情報のうち最も重要な情報が企業の評価情報であるが，これは会計によって規制が行われている。

④　参入と退出の自由の要請　　完全競争市場では参入と退出の自由がなければならず，完全競争にはならない。

■インサイダー取引規制

　金融証券市場は完全自由競争市場を前提として，すなわち前述の①ないし④の要件を満たすべく構成されている。例えばその1例としてインサイダー取引規制がある。

　会社のインサイダーすなわち，会社の取締役，監査役等の役員，あるいは会社の大株主等は，会社の中にいるため会社に関する重要なインサイダー情報を容易に入手できる立場を利用して，証券取引を行うことを禁止している（金商法166条・167条）。これは前述の③の条件，すなわち取引における情報分配の平等性に反するからである。ところでインサイダー取引に関する規制はアメリカで発達してきたものであるが，アメリカではインサイダー取引を禁止する理由として，次の3つの理論が挙げられてきた。これは日本でも参考になろう。

　第一は，情報の平等理論であり，金融商品市場取引における情報は当事者間に平等に分配されなければならないとする理論である。この理論によれば，インサイダー情報をもつ者はすべてインサイダー取引規制の下に置かれるべきこととなり，規制される範囲も取締役，従業員といった典型的なインサイダーだけではなく，広く内部情報をもつ者，例えば取締役から情報を盗聴した者も規制対象となる。

　第二は，信任義務理論である。インサイダー情報を発生させる会社の株主とその内部者との間には，信任義務があるため，そのインサイダー情報を一部の者だけが利用することは，会社・株主に対する信任義務に違反するとする。第三は，不正流用理論であり，インサイダー情報を利用するのは，不正な流用であるとする理論である。インサイダー情報を不正に流用してはならない義務があるとして，それに違反する場合にすべてを規制しようとする理論である。

　このように金商法はファイナンスを規制する最も重要な法律体系である。

5 預金契約の法規整

> 預金契約は，民法に定める消費寄託である。消費貸借と異なり，返還時期を定めない場合には，受寄者には支払準備の義務が存する。

　公衆から預金を受け入れる行為は，原則として出資法によって禁止されているが，銀行は銀行法に基づきこれを許容されている。銀行法はあくまでも行政監督の観点から預金業務を定義するのみで，その私法的取扱いについては定めるところではなく，預金の契約法的な性質については民法学における議論を参照しなければならない。預金契約の法規整として論じるべき点は無数に挙げることができるが，ここでは預金契約の寄託性と消滅時効について論じることとしたい。

■預金契約の性質決定

　預金一般はひとまず消費寄託（民法666条）の一種と性質決定されている。当座勘定契約はむしろ委任であり，即時払性を特約で排除している通知預金は返還債務の履行期のあり方としては消費貸借に近く，預金契約を混合契約とする理解も有力である（打田・中馬[1989]）。普通預金を典型として考える場合には，消費寄託という性質決定はほぼ争いがたいだろう。ところで，民法は寄託を典型契約のひとつとして規定しているが，民法の規定は特定物寄託を詳細に定め（民法657条〜665条），消費寄託についてはわずか一ヶ条（民法666条）を置くのみである。いずれの場合も，受寄者は，寄託の目的物を保管し，寄託者からの告知あり次第直ちにこれを返還する義務を負うのであって，自己のために目的物を使用することは許されない。しかし，この原則も寄託者の承諾があれば例外を設けることが可能である。預金契約の場合に，銀行は公衆から預った預金を貸出にあてて運用することを前提にしており，かかる承諾は黙示的に行われているものと解されている。ところが，目的物が消費物である場合には，その使用とは，消費にほかならず，「原物」（明治23年民法財産取得編206条1項）の返還義務を課するという寄託契約の概念とは相容れない。そこで民法（明治29年）起草過程では，事柄を消費貸借（民法587条）として規定すべきであるとの主張がなされたが，起草者は，当時の刑法において受寄物費

消罪（明治15年刑法395条）という犯罪類型が存すること等を根拠に，消費寄託という別の概念をあえて民法規定に導入することとした（柴崎[2013]）。

■受寄者の義務としての支払準備

　この構成に対して，種類品等を同じくする同量の消費物の返還を義務付けられる場合を寄託と呼ぶとしても，その内容は受寄者に何らの保管義務を負担させることがない契約となってしまって事実上寄託ではないのではないかという批判が考えられる。確かに，特定物寄託におけるような「保管」は想定することができないが，かわりに即時預金では受寄者が支払準備をしておく義務が認められる。支払準備がなお即時払の総額を準備しておく義務を意味するものと解するならば，結局銀行預金は消費貸借であると解する以外にない（Hamel[1943]）が，預金保険制度等銀行が流動性を確保する制度が発展している条件下では，この制度に従って流動性を確保している限り支払準備の状態を維持する義務は満足されているものと解するべきであろう（Libchaber[1992]）。

■預金債権の消滅時効の起算点

　預金契約の性質決定に関連し，即時払預金払戻債務の消滅時効の問題が論じられている。日本の判例では，当座預金に関して契約締結時（大判明治43・12・13民録937頁），普通預金に関して預入時を起算点としてきた（大判大正9・11・27民録26輯1797頁）。消滅時効の起算点の一般的な規定である民法166条を適用する限り，預入時から権利を行使できるのでこのような解釈になると思われるが，正確には預入時から行使し得るのは告知権である。払戻請求権の時効が進行しているといえるためには，告知がなされていなければならず，起算点は告知時であると解すべきである。立法例では，スイス債務法典第130条第2項，ドイツ民法典第695条第2文（2006年改正で新設）のように明文規定でこの解決を支持するものがあり，ヨーロッパ契約法原則14.203.al.2.も同様の解決を採用している（同様の解決を支持する日本の学説は，三宅[1988]）。関連して自動継続定期預金債権の消滅時効の起算点が論じられているが，ここでは割愛する。

第13章 ファイナンスと法

6 融資契約の法規整

債権の効力のうち、当事者間の合意により、強制執行に制限を加えることができ、この合意を執行契約と称する。責任財産限定特約付きの債権を履行請求する場合には、認容判決の主文に執行制限を表示することができる。

銀行に代表される金融仲介機関は、公衆から受け入れた資金を貸出（金銭の貸付・手形の割引）によって運用することを想定しており、銀行法上、与信業務は基本業務の主要な一部として位置づけられている。しかし、金融仲介機関だけでなく、貸金業法に基づく貸金業のように、公衆から資金を受け入れずに、業として金銭の貸付・手形の割引を行うことも許容されている。ところで、貸出取引または融資契約の契約法的性格は、これら業態の相違を越え共通のものとして論じ得るが、銀行法や貸金業法等は行政監督の観点から定義するのみであって、その私法的取扱については定めるところではない。貸出の契約法的な性質については民事法学における議論を参照しなければならない。融資契約の法規整として論じるべき点は無数に挙げることができるが、紙幅の都合もあるため、ここでは、責任財産の概念をめぐる近時の実務と法理論に接近することとする。

■執行契約

私人は、債務を負担したら、その履行を、現在および将来において有する、差押禁止財産等を除いた自らの総財産によって担保していることになる（明治23年民法債権担保編1条1項）。この対象となる財産を「責任財産」または「一般担保」という。ところで、この原則は強行性のある規則であって、私人が合意によってある財産について一般的に差押禁止とすることはできない。しかし、当事者間の合意である財産の差押をしないものとする等の特約を結ぶことはできる。これを執行契約といい、その内容は執行の対象や方法に制限を付するものもあれば不執行とするものでもありうる（中野[2010]）。債務には、その履行として受領した給付を返還しなくてよい給付保持力、履行強制を求めることができる請求力、債務者の財産を差押・換価等の方法によって強制的に実現できる掴取力が伴うのが一般であるが、債権者が望んでその一部に制限を加えたいならば、そのような自由を否定する理由はない。ただし、かかる合意の効力

は契約当事者の間で主張し得る人的な効力しか持たない。第三者に対して財産への執行の可能性の制限を対抗するためには，別段の立法による制度が必要になる。執行契約等によって掴取力の一部全部が存在しない債務を「責任なき債務」と呼ぶことがある（これに対して「自然債務」は，請求力・掴取力も伴わないものをいう）。

■資産流動化への応用

ノン・リコース・ローンや資産流動化スキームにおいて用いられる責任財産限定特約は，執行契約の一種である。資産流動化法上の特定目的会社が資金調達のために発行する優先出資証券や特定社債等のいわゆる資産担保証券は，特定の責任財産についてしか掴取力が伴わないものとする旨の責任財産限定特約を伴って発行されることがある（資産流動化法38条2項8号）。この特定の責任財産を対象資産といい，当該証券の所持人は，対象資産の原所有者（オリジネーター）の支払能力とは無関係に対象資産の収益から償還を受けることができる（山田[2002]）。

■責任財産限定特約とその民事手続上の扱い

現在の裁判実務においては，責任財産限定特約付の請求権に基づく請求を認容する判決は，その主文に責任財産を限定する旨の表示を伴うことができ，はじめから執行の制限が付せられた債務名義を与えることが認められている。往時は判決主文にかかる表示を含めることが認められていなかったため，このような債務名義で，特約で排除されている財産に対して強制執行が行われるときに，いかなる救済がありうるかが議論されていた。執行異議（民執11条）説・第三者異議（民執38条）説・請求異議（民執35条）説が主張され，判例の立場は執行異議説であった。しかし執行異議は，執行が実体法上の違法を争う手続ではなく，難点が指摘されていた。そこで，判決主文に執行制限を付することを認めるべきであるとの主張がなされ（新請求異議説），最判平成18・9・11金判1266号34頁は判例変更を行ってこの立場を採用した。

第13章 ファイナンスと法

7 デリバティブの法規整

> 国際業務を行う金融機関は，BIS規制をクリアしつつ危険資産を保有するために，デリバティブ取引のネッティングを約定しておく必要がある。この約定の効果を管財人に対して主張し得るためには法規が必要であり，一括清算法が制定されている。

　デリバティブに関する法規定は，銀行法にも金融商品取引法にも置かれているが，その私法的取扱いの詳細はなお私法学の理論に委ねられている。本項では一括清算ネッティングに関する議論をとりあげることにする。

■自己資本比率に関するBIS基準

　国際決済銀行バーゼル銀行委員会は，資本規模・資本基準に関する国際的収斂に関する1988年報告で，国際的業務を行う銀行がその危険資産によるエクスポージャーに対して8％以上の自己資本を有するよう求めた（日本でも1993年に「銀行法第14条の2に定める自己資本比率の基準を定める件」で国内法化）。しかし，この規制方法では，派生商品の保有限度が必要以上に抑制される。金融機関甲が乙に対し派生商品Aによって給付を負担する場合でも，乙が甲に対して同時に満期を迎える別の派生商品Bにより同額の給付を負担するならば，対当額の範囲でエクスポージャーを打ち消しあう関係にあり，この部分は保有していても実害がない。そこで，同委員会の1994・1995年報告書は，対象となる金融機関が相手方との間で倒産時に市場価値に基づく1個の債権を生じさせる差引計算（ネッティング）を行う旨の合意があり，契約の準拠法にてらして銀行の危険負担額が差引計算尻となることについて，法律家の意見書を徴していること等を条件に，再構築費用を差引計算尻に基づいて計算できるものとした。

■ISDA取引約定書における差引計算の類型

　日本の金融機関の多くは，国際スワップ・デリバティブズ協会取引約定書（ISDA Master Agreement）を用いて，金融機関甲乙間において存する複数の派生商品を一括決済するネッティングを約定し，BIS基準を満たす条件を整えている。ISDAの定めるネッティングには①payment netting, ②netting by novation / obligation netting, ③close-out nettingの3種類があるといわれて

いる。①は双方当事者の義務の履行期が到来し，給付額も確定しているため，私法的性質としては相殺そのものであると思われるが，②および③は，当事者間で対立する取引が履行期の到来を待たずに直ちに所定の計算方法による残高に置きかえられるものである（久保田［2003］）。ここでは組み入れられた各々の取引は満期が未到来で，当事者間の損益は未確定である。満期における原資産の価格は万人にとって未知の事象であるため，約定書にはかかる場面における決済金額を確定するために，「看做し」の損益を算定するためのフォーミュラを定めておき，これによる損益をもって計算を実行するのである。

■更改によるネッティングと一括清算法

デリバティブ取引は保険契約や冒険貸借とともに，射倖契約（明治23年民法財産取得編157条）と呼ばれる契約類型に含まれるといわれ（Gaudemet [2010]），偶然性（aléa）が合意の要素となる。差引計算に組み入れられている各デリバティブ取引の損益を決する現実の偶然性と，②③の計算実行時に「看做し」損益を算定するために用いる理論上の偶然性とは別のものであるため，計算実行時に債務の要素が変更されることを当事者が予め合意している（民法513条，すなわち更改の合意）ものと考える必要があり，銀行取引約定書で定められる相殺予約のような単なる期限の利益双方的放棄による相殺とは性格が異なる。

なお，このような約定書を用いても②や③の効力を管財人に対して主張できるかは準拠法如何であるため，前記報告書では各国の倒産法制でこのことを明らかにする必要があるとされた。とりわけ管財人はその職責上，双方未履行双務契約につき管財人に与えられた選択権（会更61条1項）を用い，差引計算に組み入れられた取引から，更生会社に利益になる取引のみを選んで履行請求し，損失が見込まれる取引は解除する（いわゆるチェリーピッキングを行う）ため，エクスポージャーの縮減効果は得られない。日本における「金融機関等が行う特定金融取引の一括清算に関する法律（一括清算法）」（1998年）は，かかる懸念を払拭するために制定された。破産法も交互計算や市場価格のある商品の取引につき差引計算の効果を管財人に主張し得る旨の規定をおく（破58条・59条）。

第14章　ファイナンスと会計（管理会計）

1 利益計画（損益分岐点分析）

> 損益分岐点分析は，次期の利益計画を立てる場合に利益図表を利用して損益分岐点（販売量や売上高）や目標利益を達成する点を考えることである。しかしながら，会計上の損益分岐点は資本コストを考慮していないので，投資家の観点からは好ましくない。投資家の観点からは，資本コストを加味して損益分岐点を計算するべきである。

中長期計画においてどのような事業を行って利益を得ていくかがすでに決定されていることを前提にして，次年度の計画を策定することを短期の**利益計画**という。この利益計画を策定する場合に，変動費と固定費が容易に把握できる製造業や一部のサービス業では，図14－1の**損益分岐図表（利益図表）**を使うことがある。

図14－1では縦軸と横軸とも金額が単位になっている。この図は，以下の式を図に表したものである。

$$\text{利益（損失）} = \text{売上高} - \text{総費用} = \text{売上高} - (\text{変動費} + \text{固定費})$$
$$= (\text{価格} \times \text{販売量}) - (\text{単位変動費} \times \text{販売量} + \text{固定費}) \quad \cdots(1)$$

図14－1で，売上高線は原点から右へ45度の角度に上がっている。この売上高に対してどのように費用が発生しているのかを示してあるのが，総費用線である。利益図表では費用を実践的な観点から線形で考えることが多い。費用は売上高が増えても減っても変わりない**固定費**と，売上高に比例的な**変動費**に分けることができると考える。固定費と変動費を合わせた費用の総額を示したのが，総費用線となる。

利益あるいは損失は，売上から費用を控除すれば求められるから，図で売上高線と総費用線との差になる。売上高線と総費用線が交わる点は，**損益分岐点**（break-even point）といって，収益と費用が同じになる点で，利益も損失も生じない，収支が均衡する点である。損益分岐点の売上高は，(1)式から導出した下記の式で求めることができる。

$$\text{損益分岐点売上高} = \frac{\text{固定費}}{1 - \dfrac{\text{変動費}}{\text{売上高}}} \quad \cdots(2)$$

図14-1　損益分岐図表（利益図表）

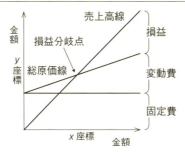

$$目標利益達成の売上高 = \frac{固定費 + 目標利益}{1 - \dfrac{変動費}{売上高}} \quad \cdots(3)$$

　また(3)式は特定の目標利益を達成する場合の売上高を求める式である。分子の固定費に目標利益を足すところが違うだけである。

　ここで（変動費÷売上高）を変動費比率といい，売上高の中での変動費の割合を示している。通常，損益分岐点分析では売上高が変わっても，変動費比率は一定であることを仮定する。もちろん，数種類の製品を売っている場合には，価格と変動費との割合が製品ごとに異なるから，あくまで損益分岐点分析は平均的な姿を描写したものになる。分母の項である（1－変動費÷売上高）は貢献利益率（あるいは限界利益率）という。この項は（売上高－変動費）÷売上高と同じである。（売上高－変動費）を貢献利益（限界利益）という。限界利益率は売上高に占める限界利益の割合のことになる。限界利益率の概念を使って，(2)式を再定義すれば，次式のようになる。

　　損益分岐点売上高＝固定費÷限界利益率

　損益分岐図表を使って次期の計画を練る場合，固定費や変動費をいかに下げるか，売上高をいかに上げるかを検討する。その場合，企業価値の観点から気をつけなければならないのは，費用は会計上のものであり，固定費の中に資本のコストが入っていないことである。したがって，企業価値を考えた場合には，固定費のなかに資本コストを入れて考えるべきである。

第14章　ファイナンスと会計（管理会計）

2　業績評価指標

> 業績評価の目的は組織目標に組織成員を誘導することである。業績評価で重要なのはどの業績評価指標を利用するかである。事業部制組織を考えた場合、業績評価指標は資本利益率（ROI）が使われてきた。しかしながら、企業価値向上を目標とする場合には、経済付加価値（EVA）等の資本コストを加味した指標が使われるようになった。

業績評価システムの一番の目的は、組織目標を達成できるように組織成員や各部門を行動させることである。業績評価の手続きは、①業績目標を設定する、②組織成員や部門が業績目標を目指してがんばる、③実際の業績を測定し、評価し、報奨やペナルティを決める、という一連のプロセスをとる。組織成員や部門は業績評価されることを知って、自らの評価を上げるためにがんばって仕事をする。ここで、どの指標を業績評価指標とするのか、どの水準を目標水準とするのかによって、組織成員や部門の行動は変わるということが問題になる。また、業績評価指標の選択は組織の戦略や組織構造によって異なる。ここでは事業部制における業績評価指標の選択問題について説明する。

■ROI（資本利益率）

事業部は特定の製品やサービスを生産・販売できる組織であり、したがって事業部単位で利益が算定され、事業部は事業部利益に対する責任を有する（事業部利益にはいくつかの種類があるが、参考文献等を参照していただきたい）。伝統的には、事業部に対する業績評価指標は、ROI（資本利益率）であった。ROIは事業部利益を事業部に対する投下資本で割ったものであり、高いほど資本を有効活用して利益を得ていることになる。

$$\text{ROI（資本利益率）} = \frac{\text{事業部利益}}{\text{事業部資本}}$$

ROIに対して目標値が設定されると、それを達成するためには、分子の事業部利益を上げるか、分母の事業部投下資本を下げることが考えられる。ROIを業績評価指標にする場合に、事業部長が目標を安易に達成しようとする危険性が昔から指摘されてきた。分子の事業部利益を上げるために、短期的売上に関係のない教育費用や広告費を削減することがある。また、事業部の投下資本を下げるために、設備投資を控えることもある。これらの方策はいずれも事業部の長期的利益を犠牲にする。

■EVA（経済的付加価値）

このようなROIを業績指標とすることから生じる弊害をなくすために提案されてきたのが，残余利益やEVA（Economic Value Added）等の資本コストを加味した事業部の利益である。残余利益は最近使われていないので，EVAについて説明する。EVAは事業部の税引き後営業利益から事業部への投下資本の機会費用つまり資本コストを差し引いたものである。資本コストは事業部の事業のリスクに応じて決定されることは言うまでもない。

EVA（経済的付加価値）＝ NOPAT（事業部税引き後営業利益）− 資本コスト

たとえ事業のために投資を行っても，それに見合う収益を生み出せるならEVAは増加する。したがって，事業部の投資意欲をそぐことがないと言われてきた。もっとも，短期的に投資が収益につながらない場合には，EVAは増加しないという限界はある。

■非財務指標

上述した，事業部の業績評価指標は財務的な指標であったが，近年財務的な指標だけでは組織の戦略目標を達成することはできないということから，非財務的な指標も同時に採用する企業が増えている。例えば，戦略的目標管理の仕組みであるバランススコアカード（BSC）においては，①財務的な指標のほか，②顧客の観点からの指標（顧客満足度，市場シェア等），③製品・サービスを生み出す業務プロセスの観点からの指標（納期，苦情処理件数等），④長期的な組織能力向上のための観点からの指標（従業員満足度，従業員IT利用度等）をバランスよく利用することが提案されている。また，短期的に利益達成のための指標と長期的な利益達成のための指標をバランスよく利用することも強調されている。

第14章 ファイナンスと会計（管理会計）

3 原価管理

　原価管理の伝統的な目的は，規模の経済性を利用して，費用を最小化することであった。しかしながら，そこでは原材料や部品や完成した製品に拘束される資金のコストが考慮されていない欠点があった。それに対して，JITに代表される現代的な原価管理は，資金コストを削減することが考慮されている。

■原価維持

　原価管理は，20世紀初頭の工場管理の思想であるテーラーの科学的管理法から始まった。それは作業効率の向上を目指す**原価維持**あるいは**原価統制**と呼ばれた。Taylor, F.W.（テーラー）は，工場の労働者に作業を任せていた成り行き的な工場管理に代えて，工場の管理部主導で最適な生産プロセスと作業標準を決めたほうが，生産性が高まると主張した。これがテーラーの科学的管理法の考え方である。すなわち，工場の生産プロセスを所与として，工場の管理部門が時間研究・動作研究を行い，最適な作業手順と作業時間を設定し，それらを作業者に守らせるという考え方がでてきた。特に，生産性の高い労働者を規準とした1日の作業量を課業として設定し，これを目標として他の労働者の能率を上げることが重視される。しかしながら，現場の労働者は，作業を自分で設定することはできず，決められた標準作業を一生懸命励むことのみが仕事となる。

　原価維持の具体的なプロセスは，標準原価による原価管理である。標準原価による原価管理は，①標準作業を設定し，②予定される生産量を標準作業に従って作った場合の原価（**標準原価**）を算定し，③生産後に実際原価を測定し，それと標準原価を比較して，その差が小さければ標準作業ができていたと判断し，できていなければ標準作業ができていないと判断する。

■原価改善

　原価維持では，現場の労働者は効率的な作業の方法を考えることを期待されていなかった。しかしながら，実際に作業をしない工場のスタッフが作業標準を設定するよりも，実際に作業に取り組む労働者が知恵を働かせたほうがより効率的な作業を設定できる可能性がある。そのような場合には，現場の作業者が標準作業に従って作業をこなす一方で，作業プロセスをより効率的なものにしたり，歩留まりをよくしたりするようなアイデアを提案させるほうがよりよ

い生産プロセスが設定できる。このようなことから，長期的な雇用を前提とした日本の工場管理では原価維持でなく原価改善が採用されてきた。

■原価企画

　原価維持，原価企画が生産段階での原価低減を目指すものであったのに対して，製品・サービスの開発設計段階での原価低減を目指すのが**原価企画**である。

　原価企画は，市場に売り出す際の価格を所与に目標原価を設定し，目標原価を達成できるように開発設計を行う原価管理活動のことである。原価企画は，全く新規の製品に対してではなく，モデルチェンジが繰り返されるような製品・サービスに対して効果がある。前モデルやライバル製品を**機能分析**し，より製造原価の低減につながる設計を促すことが重要になる。

■資金コスト低減を狙った原価管理

　伝統的な原価管理は，大量生産時代の思想つまり製品を作れば必ず売れることを前提に，同じ期間に無駄なく大量に作るためのものであった。そのために，原材料を大量に購入して，製品をできる限り無駄なく生産したほうが儲かるという考え方が根付いた。特に，一定期間の固定費は，作れば作るほど，1単位あたりの固定費は低減される（**規模の経済性あるいは量産効果**）。しかしながら，この考え方のもとでは，景気が悪くなり製品が売れなくなると，原材料や製品に大量の資金が長く拘束されることになる。このようなことに対応するために，必要なものを必要なだけ作るという考え方が生まれてきた。その代表がジャストインタイム生産（JIT）である。月に30台作る場合，30台分の原材料を一度に買って一度に作るのではなく，毎日1台分の原材料を買って完成させたほうが利用される資金が少なく，結果として資金コストが少なく済むという考え方である。

第15章　日本の金融機関の課題

1　金融機関の収益性

　日本の金融機関の大きな課題に収益性の低さがある。海外金融機関に比較して対資産での利益率が低い。コアとなる資金運用収益が少ないのだが，長年の超低金利政策，リスクに対して適切なリターンを得ていない融資の慣行，手数料ビジネスの広がりが限られることなどが理由であり，日本に特徴的な株式の持合いなどにも原因がある。

　日本の金融機関は信用力も高く，日本の経済発展を支えてきた。しかし，その事業の課題の第一に挙げられるのは，「収益性」の問題だろう。資産対比の利益率が低いのが特徴である。1990年代のバブルの崩壊により，不良債権の処理が100兆円に及び日本の金融機関は極めて大きな損失を出した。結果として多額の公的資金注入に及んだ。国際比較をすると90年代後半から2000年代前半の損失があまりにも大きかったので，歴年でデータをとると他国に比べて収益性の低さが目立つ。

　基礎的な収益力が弱い中で，信用コストや株式等の有価証券関係損失が大きな振れを伴って変動する。国際金融危機後の2009年以降，少しずつ利益を増加させているし，日本のメガバンクのROE（対自己資本利益率）は国際金融危機で大きなダメージを受けた大手米銀に追いついてきている。しかし，最近でも日本の銀行のROA（対総資産利益率）や利ザヤは，依然として欧米金融機関と比べてかなり低い，という実態がある。

■リスクとリターン

　収益性が改善されない理由には，資金利益については採算性の低い資産を大量に保有していること，手数料ビジネスなど非金利業務の広がりが限られ，また価格の設定が必ずしも適切でないことなどが挙げられる。

　銀行の利益のコアをなす資金運用収益は，中期的なトレンドとして減っている。資金運用収益は運用量（規模）×利ザヤ（資金運用利率－資金調達利率）で算出できるが，利ザヤは中央銀行による低金利政策のもとで縮小した状態が続いている。また規模のほうはバブル経済以降いわゆる失われた20年の間，デフレ経済が続き少子高齢化の人口動態と相まって資金需要が低迷した。大手銀行では国内貸出は減少しており，海外貸出の伸びを収益源としている。

　利ザヤが低いのは，融資において，リスクに見合うリターンを得ていないことだと指摘される。日本の金融機関の貸出についての利ザヤは，多くの融資で非常に小さく，時にゼロ（あるいはマイナス）となっている。金利水準が低い

ことが原因のひとつであるが，金融機関が適正なプライシングを行えておらず，金融市場で価格メカニズムが働いていないことも大きな原因である。格付けの低い企業，あるいは将来性が低い企業でも，相対的に低金利でお金を借りることが可能だ。価格メカニズムが働かないと，経済の新陳代謝が起こりにくくなる。新陳代謝は，成長性のある企業に対して資金が十分に供給され，成長性の低い企業に対しては資金が供給されないことによって起こるからだ。

収益性の低さは，顧客である企業の利益率が低いことも大きな原因である。顧客である企業の利益率が低いので，銀行の収益性が低くなる。そして，銀行がリスクに対応した金利を付けないので企業の利益率が低いままである「ニワトリとタマゴ」的な関係も存在する。

■持合株式

日本の銀行は世界では例外的に株式保有が可能である。歴史的に企業との間で株式の持合い（政策株式）を続けてきた。企業にとっては安定株主の確保，金融機関にとっては関係を強めることにより融資残高維持が目的であった。しかし，株式価格が，市場環境によって大きく変動しリスクの高いことを何度もの経験で学び，また資金調達コストを考えると効率性が低いことなどから，大手行を中心に残高を減少させている。さらに2015年にはコーポレート・ガバナンスコード制定の動きなどで，持合株式売却が喫緊の課題になっているが，根雪のように残る残高の減少については今後の大きな課題である。

■公共性

日本の銀行の収益性が低いのは公共性を重んじるから，という議論もある。確かに，金融機関には高い公共性が求められる。しかし，銀行がリスクに応じた収益をあげ，資本の効率性を高め，自己資本を厚くすることによって，不況期に貸倒損失のリスクが顕在化した時にも，健全性を確保できる確率が高くなり，金融システムの安定性を維持することができる。バブル崩壊で日本の銀行が公的資金の投入を受けざるをえなくなり，その返済に長い時間を要したのも，自らの収益だけでは不良債権の損失を吸収できなかったからでもある。またリスクに応じた貸出金利は事業の採算性を強く意識させる，という意味において，借り手に規律をもたらす。公共性を議論する際には，ミクロの金融機関の経営の失敗とマクロの金融の安定性を峻別することが大切である。金融機関の収益性確保は古くて新しい課題なのである。

第15章 日本の金融機関の課題

2 金融機関のイノベーション

> 規制当局によるカルテル的行政方法は日本の銀行からイノベーションの力を削いできた側面があるが，伝統的商業ビジネスからの収益が減少するなか，金融界は様々な工夫を重ねている。非金利収益の展開，決済ビジネスへの新たな期待，オペレーション効率化によるコスト削減など，新しい変革が期待される。

戦後から1990年代までの日本の銀行規制は，護送船団方式と呼ばれ，最も効率の悪い，収益性の低い金融機関でも経営が続けられるように行政指導などによって業界をコントロールしていた。護送船団方式の特徴は，競争制限的なカルテル的金融体制で，競争を避けて金融機関の利益を確保しようということだ。

一般的にカルテルを維持するためには，イノベーションを含む一切の抜け駆け的行動を抑制する必要がある。カルテルを破る企業が出ると，競争が激しくなり，環境を不安定にしてしまう可能性があるからだ。カルテル的体制を維持するためには，カルテル破りに対する制裁が必要となるが，その制裁者の役割を金融の場合は金融当局が担ってきた側面がある。こうしたカルテル的体制の中では，現状を維持しよう，イノベーションを起こさないようにしようという姿勢が金融機関の基本動作となった。この長きに渡った行政のやり方は，金融業界が自力で経営を改善したり商品を開発したりすることが得意でない，という副作用を残した。

■非金利収入への期待

しかし，伝統的な資金収益が減少しているなかで，収益確保のために工夫の必要がある。イノベーションが求められているのだ。例えば，各金融機関では新しい融資形態や非金利業務の開発に努力している。非金利収益が上がれば，ROAも上がる。旧来からある為替手数料に加え，規制改革によって可能になった投資信託や保険の販売によってその割合を増やしている。ただし，これらの商品の販売は，景気感応度が高く，収益性の振れの大きさは課題である。

注目すべき非金利業務として決済ビジネスがある。決済ビジネスからの収益は，本来は大きくはないが着実なもので，この分野でどのようにして収益を出すか，いろいろな工夫がなされているのだが，赤字の銀行が存在するのも事実だ。収益源として決済ビジネスのコストを徹底的に下げ，場合によっては一部課金をすることも考えられるが，日本では反対に無料化といった方向に向いた

場合もあった。公器としての社会的期待に応えようとしたというが、損益計算が不十分だったことは否めない。どの国でも金融機関による課金が歓迎されるわけがないのだが、顧客にサービスの付加価値を感じてもらって、赤字体質を脱却する必要があろう。

■決済ビジネスの工夫

　決済システムは、グローバルな金融ネットワークの基盤であり、企業がビジネスを推し進めるためのインフラである。銀行にとっては、競争力をもつ商品やサービスの開発につながる重要な分野であり、日本は極めて正確で堅確な決済システムをつくりあげている。ただし、その仕組みは複雑で専門性が高いため一般に馴染みにくい面もある。最近はメガバンクを中心に、アジアの決済に活路を見出そうとしている。

　日本の金融業界では、規制時代が長かったこともあり、これまでイノベーションが少なかったことは上述したが、ATMネットワークや硬貨まで処理するATM機は日本の銀行の技術の成果とも言われている。また、他の産業から参入してくるプレーヤーにはイノベーションの豊富な経験があり、少しずつだが、新しいビジネスモデルをもちこんでいる。最近ではフィンテックと呼ばれる、イノベーションを基軸としたベンチャー的企業群も出てきており、金融の一翼を担うようになってきている。既存の金融機関は自分たちの強みとなるノウハウや技術を見つけ、これらの動きに対してもどう対応するのか、期待されるところだ。

■コスト効率とオペレーション

　コスト効率性と顧客満足の双方から徹底的に考えれば、オペレーション改善の余地は多くある。時間に注目して生産性を上げる、閾値を考えて顧客サービスを組み立てる、導線を考えて従業員の仕事のやり方を改善するなど、他業界も参考にすれば、新しいアイデアがたくさんあるはずであり、これからの展開は将来を規定する。

　メガバンクから地銀・信金・信組に至るまで、激戦区の中小企業融資は、財務データなどがきちんとそろっていない、という根本問題に加え、融資が少ない資本の補塡になってしまう実態もある。これまでの慣行にどれだけメスを入れられるか、そして新しい動きにつなげていけるかが課題である。

第15章 日本の金融機関の課題

3 組織のガバナンスと人事

> 大手銀行は合併統合によって再編を進めてきた。一方で地方銀行においてはこれから地殻変動が起ころうとしている。事業を上手に運営するために人事制度や企業統治は最重要課題であるが，金融機関はこれまでの日本の企業のコアの問題―終身雇用・年功序列・年次主義など―とグローバル展開や現代への整合性をどうとるか，大きな課題だ。

　日本の金融機関にとって，組織と人事の問題は最も重い課題のひとつだ。まず組織形態を見てみると，日本では，1990年代から2000年代初めまで，自由化とグローバル化による競争環境の変化，さらに不良債権の累積により，金融機関の多くが破たんや経営危機に直面した。その結果救済的，あるいは戦略的な合併統合が数多く起こった。1980年代に20以上あった大手銀行の組織体はすでに6グループに再編されている。

　合併統合は，規模の経済や範囲の経済，シナジーが得られることが期待できるが，必ずしも成功するケースばかりではない。日本における合併後の金融機関は，前よりも付加価値を創り出しているかといえば，どの金融グループもシンプルな数値比較でもあまり良い結果は見られない。合併統合がコスト側で効果をもたらす場合が他国では多いが，日本の合併統合が不良債権のための会計処理を目的としたものでもあったこともあるのか，コスト側での効果が必ずしも見られていない。逆に合併統合によって組織が複雑になり，前向きな作業の足かせになっている側面も存在した。メガバンクは合併後10年以上を経ており，今後に実質的な効果が出てくることが期待される。一方，地銀は戦後ずっと無風状態であったが，再編の兆しが見える。

■人事制度

　合併統合に限らず，日本の金融機関は日本の大企業の縮図的な色彩があり，大企業の良い点，悪い点を凝縮した姿であるともいえる。したがって，現在日本企業が直面している問題をより先鋭的に課題として抱える，という特徴がある。例えば，人事制度である。経済や市場がグローバル化する中で，終身雇用，年功序列，組織の同質性などが最良の制度であるのか，という懸念は日本企業において強くなっており，金融機関も例外ではない。

　金融機関は，非常に学業優秀な新卒者を集めているのだが，その人たちの能力をフル活用しているのか，という問題がある。新卒から退職，その後の関係

会社への就職まで40年近くをその組織で過ごすため，長期的な観点からの勤務が可能になる，従業員間のコミュニケーションがスムーズといったメリットが挙げられる。他方で昇進は入社年次に厳密に沿ったものとなり，抜擢など，年次を越えて適材適所の人事などできないという指摘もある。中途採用も少ないので現在の人材ポートフォリオで現行の，あるいはこれからの業務をまわしている実態もある。いずれにしても，最適の人材配置にならない懸念も大きい。このような環境であると，個人に対する雇い主（人事担当部署）の立場が強く，雇い主側に「従業員にとって魅力的な職場にする」という気概が弱い懸念も出てきてしまう。ここにきてグローバル化を一気に進めているので，グローバル人材をどう育成していくのか，人事部中心の人事とグローバルな人事とどう整合性をとっていくのか，が大きな課題となっている。

■企業統治

また，現代的課題として，組織のガバナンスが効いているのか，ということへの関心が強くなりつつある。企業統治は企業の長期的な価値を高めるために必要な，組織の管理や運営のあり方のことだが，投資家の信頼を得て資金を確保し，組織が変化に対応し，リスクから身を守るために企業統治を高める必要がある。

企業を巡るステークホルダー間の利害を調整し，企業組織を統率していく中核として取締役会がある。日本の企業には従業員が新卒で入社し終身雇用を前提とし，中途入退社は少なく，経営陣が従業員の延長である，という特徴がある。投資家のリスクマネーを託されて事業を行うべき経営陣の目的が，共同体存続に偏重するのであれば，機能と責任を果たしていないことになってしまう。

日本企業全体に企業統治の高度化が求められ，会社法の改正などで社外取締役の導入が進んでいるが，特にグローバルに展開する銀行は，国際的なガバナンスの要件を満たす必要も強まっている。企業統治の中核としての取締役会が，本来の機能を発揮していくためにどう自己改革を実行していくのか，が大きな課題だろう。

金融機関も指名委員会等設置会社や監査等委員会設置会社へ移行するところも出現し，社外取締役を増員するなど，ガバナンス変革が進んでいる。今後は金融庁が金融行政方針の中で言う，企業統治改革の「形式から実質へ」が問われることになる。

第15章　日本の金融機関の課題

4 金融規制と銀行マネジメント

日本の銀行の経営管理は，量から質（あるいは率）へと移行してきた。最近では市場をより意識した株価，時価総額，ROEやPBR，ROA，資本コストの概念が経営管理の中核になりつつある。国際金融危機後の規制はその反省から厳しくなる方向であるが，金融機関はこれまでとレジームが変わったことを認識し，準備を怠るべきでない。

経営管理とは，企業を持続・成長させるために，ヒト・モノ・カネをどのように管理するかという手法である。

金融機関の場合，銀行経営の健全性維持を目的とする規制の進化とリスク管理の高度化が経営管理に大きな影響を与えてきた。規制金利時代は，マージンが確保されていたので，ボリューム勝負での運営とも言うべきもので，量の管理がされていた。自由化が進むにつれ，収益額が意識され，さらに，規制の中心が自己資本規制になると自己資本比率が経営管理の根幹になる。銀行の健全性が厳しく問われた不良債権問題が未解決の間は，不良債権比率が重要な指標だった。その後，市場をより意識した株価，時価総額，ROEやPBRといった指標や，ROA，資本コストの概念，1株あたり成長率などが経営管理の中核になりつつある。

■新しい規制への対応

今後ますます厳しくなる新しい規制体系への対応は大きな課題だ。バーゼル3は，これまでのBIS規制の基本的な考え方である「リスクに対するバッファーとしての適正な自己資本」を一層厳格に適用したうえで流動性リスクなどに備えることにもなる。資本コスト控除後のリターンを測る手法や金融技術も進んでいる。こうした論点は，日本の銀行の中でも専門家レベルでは決して海外に遅れをとっていない。ただし，これらの指標を経営判断の共通の尺度として，また事業の現場にもより反映させていくことが今後の課題になる。

そもそも新しい規制体系が次々と作られているのは，2008年の世界金融危機の反省からである。世界金融危機は規制体系の設計を含めた「リスク管理の失敗」の連鎖であり，総合的金融不祥事と考えられているからだ。また，その後もLIBOR価格操作，インサイダートレーディング，マネーロンダリングなどルール違反の出来事が次々と伝えられる。

金融機関のモラルハザードがシステミックリスクにつながり，経済に大きな悪影響を与える懸念は拭えず，不祥事防止について細心の設計がなされる必要

がある。ただし，規制によってすべてを押さえこむことは不可能であることも，一方で認識されるべきだ。金融不祥事の再発防止のためには，組織的な要件を備えることが大事であり，システム整備と人員の判断力の日常的なトレーニングが重要なことは言うまでもないし，発生時の危機管理も極めて大切となる。最近はサイバー攻撃への備えが最重要事項だろう。

■金融危機後の経営

各国の金融機関は，世界金融危機時の「緊急時対応」的発想から「次の平常時」をどのように想定して中期経営戦略を練るか，という段階に至っている。欧米銀行の自己資本利益率（ROE）の過去50年間の平均は約11%だったが，21世紀に入ると金融危機発生までは20%を超える高水準が続いていた。次の「平常時」に20%を超すようROEを続けるのは難しいだろう。

金融危機の反省に立って，多くの金融機関で「経営陣がより深く関与できるリスク管理のあり方」について検討・改革を進めている。リスクの所在を明らかにし，リスク量の把握とリスク戦略と責任者を明確化し，ガバナンスと組織構造を今一度検討している。リスク文化の醸成とインセンティブ設計はどれほど心がけても十分すぎるということはないだろうし，規制やマクロ環境などに関する外部環境の認識も進んでいる。また，事業環境が複雑化・グローバル化する中で，財務・事業一体の経営計画がますます重要になっている。

経営の為すべきことは重要課題の抽出・設定と具体的な対応方針の決定だ。より具体的には，事業ポートフォリオや資本/リスクアセット配賦に関する方針を決めること，組織構造や物理的拠点展開（地域本部の場所，ブッキング，オフショアリングなど）を含む業務体制の見直し，重要戦略やスキル構築の方向付け（プライシング戦略，国際/アジア戦略，資本配賦，流動性管理に関する経営スキルの改善など）がある。

業務現場は，規制の枠組み変化の理解と，その影響を盛り込んだ財務インパクトのモデル化，各市場の規模・成長性や競争構造の変化を踏まえた収益性の把握をすべきであり，重要課題に関して，経営陣から出される仮説を検証，意思決定をサポートすること，すなわち経営と現場とのコミュニケーションが活発であることは，業務のみならず，リスクマネジメントの観点からも重要だ。

最近はその組織でどれだけのリスクを取っていくのかを共通概念としてもつ，という「リスク・アペタイト・フレームワーク」という考え方が提唱され，各組織は「リスク・アペタイト・ステートメント」を作成している。

第15章 日本の金融機関の課題

5 金融機関の関連ビジネス

> 日本でも業態を超えての金融グループが組成されつつある。歴史的経緯も収益メカニズムも大きく異なる、「銀行業」「証券業」「信託業」「資産運用事業」等が同じグループの傘下で営まれることになり、グループのガバナンスを含め、どのように運営していくのか、大きな課題である。

業際規制が非常に厳しかった日本では、銀行・証券・保険などの金融サービスは業態を分けて提供されてきた。しかし、グローバル化が進み、各国で規制の自由化が進むと、徐々に日本でも業際規制・業態規制が緩和されていき、合併統合や他業態とグループ化も進んでいった。これは顧客に金融サービスを1つの窓口で提供して利便性を高めようとする、いわゆる「ワンストップショッピング」を目指すことでもあった。1990年代の法改正により、銀行業だけにとどまらない、信託・証券・アセットマネジメント・ノンバンクも含むメガバンクを中心とした金融コングロマリット化が進展していくこととなった。これを経営の観点から見ると、歴史的経緯も収益メカニズムも大きく異なる、「証券業」「信託業」「資産運用事業」等の事業についても、今のところ銀行出身者が大半を占める金融機関の経営陣が的確に判断していかなくてはならない、ということを意味する。

■金融グループと戦略子会社

証券業務や信託業務など銀行とは異なるタイプのビジネスを、グループ内でどのように組み立てていくのかということで、例えばカード子会社と銀行のリテール部門、リース会社と銀行の企業部門といったシナジーの可能性をどう最大化するのか、投信会社などアセット・マネジメント会社をどう位置づけるかといった課題に迅速に取り組み、実行していく必要がある。日本の大企業にありがちなことだが、これまで金融機関の子会社は、ある程度まで昇進・出世した人の天下りポストとして使われてきた面もある。戦略子会社としては、位置づけられてこなかった、ということである。

今後ホールディングカンパニーのあり方を見直すことは、現実的な意味合いを持ってくる。特にG-SIFIsにカテゴリー分けされる国際的に展開し影響力の大きな銀行は、昨今の規制改革の中で中心的な役割を担い、責任をもって子会社群をコントロールすることが求められる。これらの問題は、グループ全体の

ガバナンスの問題と直結する。

■ノンバンクの場合

例えば，消費者向けの金融（リテールビジネス）を重視し，消費者金融会社やカード会社をグループ化する金融グループも増えている。リテールビジネスにおいて，消費者ローンは大切な商品の1つで，消費者に利便性を提供した。ただし，消費者金融会社は多重債務という社会問題を引き起こし規制強化のターゲットにもなった。

最近の規制強化でも上限金利の引き下げと貸出総量の制限などが設けられたが，社会問題がなぜ起こるのか，その論点を知ることは，金融とは何かを考えることにもつながる。つまり，この問題を掘り下げると，貸付とは稼得能力に対して行うべきだという原理原則を認識することになるし，不良債権問題の本質にもつながる。

■公的金融の存在

日本の金融を考えるにあたって，他国と大きな差異があるのは，公的金融の大きさである。すなわち，財政投融資を含む公的金融のあり方は，民間の金融機関と企業活動に大きな影響を与えている。戦争直後の日本の財政力は小さく，戦後復興と高度成長期の資金需要を賄いきれなかったため，財政投融資制度が，郵貯・簡保・年金を原資とし，特殊法人を通じて，投資・事業を行った。民間分野の成長が十分でなかった高度成長期には大きな役割を果たしたが，次第にその不効率な運営や弊害への指摘が多くなり，過度な財政投融資は民業圧迫にもつながると批判された。

過去，様々な改革が試みられてきたが，慣性の法則は大きく，また多様な利害が絡みあい，その改革は一筋縄では進まない。財政投融資制度の入口側の郵貯・簡保については，2015年に，日本郵政・ゆうちょ銀行・かんぽ生命が上場した。しかし，ゆうちょ銀行・かんぽ生命は完全民営化を目指す，と法律でうたわれながら，その目途は明らかになっていない。また，財政投融資の出口側の特殊法人とその後継組織の独立行政法人の改革の必要性も常に議論されてきた。緊急時に政府のサポートが必要な場合もあるが，政府がすべき事を見極めることが根本的な問題である。民間金融機関にとっても，どのような形で競争・協調するのか，公的金融が政治に翻弄されやすい存在であることもあり，難しい課題であり続けている。

■第Ⅱ部応用編の参考文献

第9章　保険およびデリバティブによるリスク管理

浅野幸弘[1989]『先物・オプションの活用戦略―派生証券とポートフォリオ・インシュアランスの理論と応用』東洋経済新報社。

森平爽一郎[2009]『信用リスクモデリング―測定と管理』朝倉書店。

森平爽一郎[2012]『金融リスクマネジメント入門』日本経済新聞出版社。

森平爽一郎[2013]「大災害債券のリスクプレミアム」，2013年度日本リアルオプション学会発表論文。

早稲田大学大学院ファイナンス研究科編，森平 爽一郎編著[2011]『信用リスクの測定と管理』中央経済社。

Barone, L. [2008], "Bruno de Finetti and the case of the critical line's last segment". *Insurance: Mathematics and Economics*, 42, no.1, pp.359-377.

Chen, S.S., Lee, C. & Shrestha, K. [2003], "Futures hedge ratios: a review". *The Quarterly Review of Economics and Finance*, 43, no.3, pp.433-465. doi:10.1016/S1062-9769(02)00191-6.

Gerber, H. U. & Shiu, E. S.W. [1996], "Actuarial bridges to dynamic hedging and option pricing". *Insurance: Mathematics and Economics* 18, no.3 (Nov.,1996), pp.183-218.

Hull, J. C. [1995] *Introduction to Futures and Option Markets, (3rd Edition)*, Prentice Hall. (小林孝雄監訳『先物・オプション取引入門』ピアソン・エデュケーション，2001年)。

Hull, J. C. [2015] *Risk Management and Financial Institutions (4th Edition)*, Wiley (竹谷仁宏訳『フィナンシャルリスクマネジメント』ピアソン・エデュケーション，2008年)。

Li, D. X. [2000], "On Default Correlation: A Copula Function Approach". *The Journal of Fixed Income* 9, no.4 (March,2000), pp.43-54.

Rubinstein, M. [2006] *A History of the Theory of Investments: My Annotated Bibliography*, Wiley.

Saunders, A, & Allen, L. [2008] *Credit Risk Measurement: New Approaches to Value at Risk and Other Paradigms (2nd Edition)*, Wiley (森平爽一郎監訳『信用リスク入門』日経BP社，2009年)

Stutzer, M. [2014], "The Formula That Felled Wall Street? An Instructor's Guide to Default Modeling". *Journal of Financial Education*, 40, no. 1/2 (2014, Spring/Summer): 1-13.

第10章　不動産ファイナンス

川口有一郎[2001]『不動産金融工学』清文社.

川口有一郎[2013]『不動産エコノミクス』清文社.

川口有一郎[2014]『証券化の基礎』一般社団法人不動産証券化協会.

川口有一郎[2016]「非伝統的金融政策がJ-REIT市場に与えた影響」, 日本不動産金融工学学会誌 vol.15. No.1(予定).

佐藤一雄[2002]「不動産証券化市場の実情」(東京弁護士会編『不動産の証券化』所収), 公益社団法人商事法務研究会.

早稲田大学[2009]「住宅市場動向に関する指標のあり方の検討業務」, 国土交通省委託研究

Campbell, Y., Lo, W. & Mackinlay, A. [1997] The Econometrics of Financial Markets, Princoton University Press.

Campbell, J. & Shiller, R. [1988], "The Dividend-Price Ratio and Expectations of Future Dividends and Discount Factors," *Review of Financial Studies*, 1, pp. 195-227.

Geanakoplos, J. [2010], "The Leverage Cycle," *NBER Macroeconomics Annual*, 24 (1) pp.1-66.

Minsky, H. [1992], "The Financial Instability Hypothesis", Working Paper No. 74, The Jerome Levy Economics Institute of Bard College

Shiller, R. [1991], "Arithmetic Repeat Sales Price Estimators", *Journal of Housing Economics*, pp. 110-26.

Watanabe, M., Taniyama, T. & Kawaguchi, Y. [2015], "Price Discovery in Real Estate Markets: Role of Opinions in an Informational Text", AsRES International Meeting, Washington D.C.

第11章　計量ファイナンス

福地純一郎・伊藤有希[2011]『Rによる計量経済分析』朝倉書店.

山本拓[1995]『計量経済学』新世社.

Henderson, J.M.& Quandt, R.E. [1980] *Microeconomic Theory (3rd Edition)*, McGraw-Hill.

Maddala, G.S.& Lahiri, K. [2009] *Introduction to Econometrics (4th Edition)*, Wiley.

第12章　ファイナンスと税

渡辺裕泰[2012]『ファイナンス課税〈第2版〉』有斐閣.

第13章　ファイナンスと法

打田峻一・中馬義直「消費寄託」[1989]幾代通・広中俊雄編『新版 注釈民法⒃債権7』有斐閣, 382-434頁。
柴崎暁[2013]「預金契約の寄託性と消滅時効—比較法的接近」『比較法学』47巻2号
中野貞一郎[2010]『民事執行法〈増補新訂六版〉』青林書院。
平出慶道・山本忠弘編[2003]『企業法概論Ⅱ—有価証券と新しい取引決済制度』青林書院。(久保田隆分担執筆部分)
三宅正男[1988]『契約法（各論）下巻』青林書院。
山田誠一[2002]「責任財産限定特約」『ジュリスト』1217号
Gaudemet, A. [2010], *Les dérivés*, Economica.
Hamel, J. [1943], *Banque et opérations de banque, tome II*
Libchaber, R. [1992], *Recherches sur la monnaie en droit privé*, LGDJ

第14章　ファイナンスと会計（管理会計）

河田信編著[2004]『トヨタシステムと管理会計—全体最適経営システムの再構築をめざして』中央経済社。
谷武幸[2013]『エッセンシャル管理会計〈第3版〉』中央経済社。

第15章　日本の金融機関の課題

川本裕子[2015]『金融機関マネジメント—バンカーのための経営戦略論』東洋経済新報社。
川本裕子[2000]『銀行収益革命—なぜ日本の銀行は儲からないのか』東洋経済新報社。

事項索引

欧・数

ARS（Arithmetic Repeat Sales price）指数 ……………………… 135
BIS規制 ……………………… 172, 186
Capital Asset Pricing Model（CAPM） ……………………… 30, 34, 56
CDSスプレッド ……………………… 80
CMBS（Commercial Mortgage Backed Security）市場 ……………………… 130
CVaR ……………………… 121
EVA（経済的付加価値） ……………………… 177
Fama-French 3ファクターモデル … 34
Fama-French 6 Benchmark Portfolios ……………………… 34
HAC分散行列推定量 ……………………… 147
ISDA取引約定書 ……………………… 172
J-REIT（Japan-Real Estate Investment Trust）市場 ……………………… 130
LIBOR ……………………… 74
NOPAT（事業部税引き後営業利益） ……………………… 177
ROI（資本利益率） ……………………… 176
Whiteの標準誤差（HCSE） ……………………… 145
1月効果 ……………………… 33
2資産分離 ……………………… 30

あ行

アクティブ運用 ……………………… 33
アノマリー ……………………… 32, 82
アメリカンタイプのオプション …… 66
アロウ=ドゥブルー証券 ……………………… 50
アンカリング ……………………… 88
アンシステマティック・リスク …… 31
アンダーパー ……………………… 37
アンダーパフォーマンス現象 ……… 83
イールド ……………………… 36
イールドカーブ ……………………… 40
異時点間限界代替率 ……………………… 55
一括清算法 ……………………… 173
イベントスタディ ……………………… 29
因果関係 ……………………… 138
インサイダー取引規制 ……………………… 167
因子（ファクター） ……………………… 58
因子リスク・プレミアム ……………………… 59
ウィーク・フォーム ……………………… 29
ウェイトづけ関数 ……………………… 91
売りヘッジ ……………………… 63
エージェンシー・モデル ……………………… 108
エージェンシー問題 ……………………… 102
オーダードリブン型 ……………………… 16
オーバーパー ……………………… 37
オプション ……………………… 125
オプション取引 ……………………… 66
親子逆転現象 ……………………… 85

か行

回帰モデル ……………………… 138
会社法 ……………………… 161, 164
買いヘッジ ……………………… 63
価格の情報効率性 ……………………… 12
価格発見（price discovery） ……… 132
確実性等価 ……………………… 53
額面 ……………………… 36
確率的割引因子 ……………………… 54
家計の消費 ……………………… 2
過小定式化 ……………………… 141
過大投資 ……………………… 103
傾きファクター ……………………… 41
合併・買収（Merger & Acquisition：M&A） ……………………… 106
ガバナンス ……………………… 165
株価最大化 ……………………… 4
株式プレミアム・パズル ……………………… 60

193

株主	165
株主還元（配当）政策	98
上半期効果	83
間接金融	7
完備市場	50
ガンマ	73, 125
企業価値	47, 96
企業価値評価	100
企業支配権市場（Market for Corporate Control)	106
企業統治	185
企業の社会的責任（CSR）	110
企業の投資決定	4
期待効用関数	55
期待効用理論	90
期待リターン	18
逆選択	102
キャピタルゲイン	99
キャプレット	76
キャリーコスト	65
業績評価指標	176
共分散	22
曲率ファクター	41
金融コングロマリット化	188
金融商品	161
金融商品取引法	161, 166
金融所得課税の一体化	148
金利	8
金利キャップ・フロアー	76
金利スワップ	74
金利デリバティブ	74, 76
金利の期間構造モデル	44
金利リスク	42
クーポン	36
クーポン・レート	36
クレジット・デフォルト・スワップ	80
クレジット・デリバティブ	80
クローズエンド型投信のディスカウントの謎	85
ケアリー・ブラウンの定理	158
経営者に対する規律付け	106
ケースシラー住宅価格指数	135
決済ビジネス	183
月次効果	83
月末・月初効果	83
原価管理	178
限定合理性	86
権利行使価格	66
権利行使日	66
構造アプローチ	48
公的金融	189
高頻度取引業者	16
効用	2, 20
効率的市場	28
効率的市場仮説	82
コーポレート・ガバナンス	108
コーポレート・ガバナンスコード	181
コールオプション	48, 66
小型株効果	33, 34
誤差項の分散不均一性（het-eroskedasticity）	144
固定金利	74
固定費	174
固定利付債	36

さ行

債券オプション	76
債券・金利デリバティブ	44
最終利回り	36
最小分散ポートフォリオ	24
裁定	9
裁定価格理論（Arbitrage Pricing Theory：APT)	58
裁定機会	50
裁定取引	64
裁定の限界	84
最適資本構成	96
最適リスク資産ポートフォリオ	24
財務情報	111
先物価格	65
先物取引（futures contracts)	62
先渡し・先物	124

先渡し取引（forward contracts）‥‥62
差金決済‥‥‥‥‥‥‥‥‥‥‥‥‥64
指値注文‥‥‥‥‥‥‥‥‥‥‥‥‥15
サプライズ‥‥‥‥‥‥‥‥‥‥‥‥13
シータ‥‥‥‥‥‥‥‥‥‥‥‥‥‥73
時間分離型効用‥‥‥‥‥‥‥‥‥‥60
資金調達‥‥‥‥‥‥‥‥‥‥‥‥‥10
自己資本規制‥‥‥‥‥‥‥‥‥‥186
自社株買い‥‥‥‥‥‥‥‥‥‥‥‥98
市場VaR‥‥‥‥‥‥‥‥‥‥‥‥121
市場ポートフォリオ（market portfolio）
‥‥‥‥‥‥‥‥‥‥‥‥30, 56, 57
市場リスク‥‥‥‥‥‥‥‥‥‥‥120
自信過剰‥‥‥‥‥‥‥‥‥‥‥‥‥87
指数先物取引‥‥‥‥‥‥‥‥‥‥‥63
システマティック・リスク‥‥‥‥‥31
執行契約‥‥‥‥‥‥‥‥‥‥‥‥170
執行コスト‥‥‥‥‥‥‥‥‥‥‥‥85
実物不動産市場‥‥‥‥‥‥‥‥‥132
私的情報‥‥‥‥‥‥‥‥‥‥‥‥‥12
支払利子の損金算入‥‥‥‥‥‥‥156
資本構成‥‥‥‥‥‥‥‥‥‥‥‥100
資本コスト‥‥‥‥‥‥‥‥‥94, 177
資本資産価格モデル（CAPM）‥‥30, 56
資本市場線（Capital Market Line：CML）‥‥‥‥‥‥‥‥‥‥‥‥‥31
資本市場の均衡‥‥‥‥‥‥‥‥‥‥6
資本政策‥‥‥‥‥‥‥‥‥‥‥‥‥96
社債スプレッド‥‥‥‥‥‥‥‥‥‥46
収益率（リターン）‥‥‥‥‥‥‥‥18
修正デュレーション‥‥‥‥‥‥‥‥43
住宅価格指数先物‥‥‥‥‥‥‥‥136
条件付きVaR‥‥‥‥‥‥‥‥‥‥121
証拠金‥‥‥‥‥‥‥‥‥‥‥‥‥‥62
状態価格‥‥‥‥‥‥‥‥‥‥‥‥‥50
状態証券‥‥‥‥‥‥‥‥‥‥‥‥‥50
消費税‥‥‥‥‥‥‥‥‥‥‥‥‥154
情報‥‥‥‥‥‥‥‥‥‥‥‥‥12, 28
情報開示‥‥‥‥‥‥‥‥‥‥‥‥163
情報トレーダー‥‥‥‥‥‥‥‥‥‥84
情報の非対称性‥‥‥6, 79, 97, 98, 102

情報量基準（AIC）‥‥‥‥‥‥‥143
正味現在価値（NPV）‥‥‥‥‥5, 94
所有と経営の分離‥‥‥‥‥‥‥‥102
新株予約権‥‥‥‥‥‥‥‥‥‥‥‥78
新株予約権付社債‥‥‥‥‥‥‥‥‥79
シングル・ファクター・モデル‥‥44
神経経済学‥‥‥‥‥‥‥‥‥‥‥‥87
人事制度‥‥‥‥‥‥‥‥‥‥‥‥184
信用VaR‥‥‥‥‥‥‥‥‥‥‥‥119
信用リスク‥‥‥‥‥‥‥46, 80, 118
心理的勘定の設定‥‥‥‥‥‥‥‥‥92
水準ファクター‥‥‥‥‥‥‥‥‥‥41
ステークホルダー・モデル‥‥‥‥109
ストライクレート‥‥‥‥‥‥‥‥‥77
ストロング・フォーム‥‥‥‥‥‥‥29
スポット・イールドカーブ‥‥‥‥‥40
スポット・レート‥‥‥‥‥‥‥38, 75
スポット・レート・モデル‥‥‥‥‥45
スマートマネー効果‥‥‥‥‥‥‥104
スワップション‥‥‥‥‥‥‥‥‥‥77
スワップ取引‥‥‥‥‥‥‥‥‥‥‥74
スワップレート‥‥‥‥‥‥‥‥‥‥74
生起（イベント）リスク‥‥‥‥‥122
正規分布‥‥‥‥‥‥‥‥‥‥‥‥‥18
税引後加重平均資本コスト（WACC）
‥‥‥‥‥‥‥‥‥‥‥‥‥‥‥‥100
節税効果‥‥‥‥‥‥‥‥‥‥‥‥‥96
説明変数の選択方法‥‥‥‥‥‥‥140
セミストロング・フォーム‥‥‥‥‥29
センチメント（思惑）‥‥‥‥‥‥‥85
相関係数‥‥‥‥‥‥‥‥‥‥‥‥‥22
相対的リスク回避度‥‥‥‥‥‥‥‥60
組織の「社会主義化」‥‥‥‥‥‥104
租税裁定‥‥‥‥‥‥‥‥‥‥‥‥150
損益通算‥‥‥‥‥‥‥‥‥‥‥‥152
損益分岐点‥‥‥‥‥‥‥‥‥‥‥174

た行

ダービン・ワトソン検定統計量‥‥146
第1種の裁定機会‥‥‥‥‥‥‥‥‥50
第2種の裁定機会‥‥‥‥‥‥‥‥‥50

大災害（CAT）リスク・・・・・・・・・・・123
代表性の簡便的意思決定法・・・・・・・・88
代表的経済主体・・・・・・・・・・・・・・・・・・55
タックス・クライアンテル
　（tax clientele）・・・・・・・・・・・・・・151
短期的モーメンタム・・・・・・・・・・・・・・82
単利・・・・・・・・・・・・・・・・・・・・・・・・・・・37
中長期的平均回帰・・・・・・・・・・・・・・・・82
直接金融・・・・・・・・・・・・・・・・・・・・・・・・7
貯蓄の決定・・・・・・・・・・・・・・・・・・・・・・2
賃料・・・・・・・・・・・・・・・・・・・・・・・・・・129
賃料保証契約・・・・・・・・・・・・・・・・・・137
ディスカウント・キャッシュフロー
　（DCF）法・・・・・・・・・・・・・・・・・・101
適合度指標（R^2と$\bar{R}^2$）・・・・・・・・・142
敵対的買収・・・・・・・・・・・・・・・・・・・・106
出来高・・・・・・・・・・・・・・・・・・・・・・・・・13
デフォルト確率・・・・・・・・・・・・49, 118
デフォルト時損害率・・・・・・・・・・・・118
デフォルト相関と資産相関・・・・・・・118
デリバティブ・・・・・・・・・・・・・・・・・・124
デリバティブ取引のネッティング・・・172
Δ（デルタ）・・・・・・・・・・68, 73, 135
デルタヘッジ・・・・・・・・・・・・・・・・・・・73
転換社債・・・・・・・・・・・・・・・・・・・・・・・78
投機・・・・・・・・・・・・・・・・・・・・・・・・・・・65
統合報告・・・・・・・・・・・・・・・・・・・・・・111
投資機会・・・・・・・・・・・・・・・・・・・・・・・22
投資機会線・・・・・・・・・・・・・・・・・・・・・23
トービンの分離定理・・・・・・・・・・・・・27
尖り・・・・・・・・・・・・・・・・・・・・・・・・・・・19
特別清算価格（SQ）・・・・・・・・・・・・64
取引コスト・・・・・・・・・・・・・・・・・・・・・14
トレードオフ理論・・・・・・・・・・・・・・・96

な行

内部資本市場
　（Internal Capital Markets）・・・・・・104
内部収益率（IRR）・・・・・・・・・・・・・・95
成行注文・・・・・・・・・・・・・・・・・・・・・・・15
二項ツリー・・・・・・・・・・・・・・・・・・・・・45
二項モデル・・・・・・・・・・・・・・・・・68, 70
二次和分過程仮説・・・・・・・・・・・・・・126
ノイズトレーダー・・・・・・・・・・・83, 84
ノイズトレーダーリスク・・・・・・・・・85

は行

パー債券・・・・・・・・・・・・・・・・・・・・・・・37
バーゼル3・・・・・・・・・・・・・・・・・・・・186
ハーディング・・・・・・・・・・・・・・・・・・・87
買収対抗策・・・・・・・・・・・・・・・・・・・・・85
買収防衛策・・・・・・・・・・・・・・・・・・・・107
配当・・・・・・・・・・・・・・・・・・・・・・・・・・・98
配当控除・・・・・・・・・・・・・・・・・・・・・・156
配当の謎・・・・・・・・・・・・・・・・・・・・・・・83
ハイブリッド証券・・・・・・・・・・・・・・156
ハイブリッド商品・・・・・・・・・・・・・・・78
パッシブ運用・・・・・・・・・・・・・・・・・・・33
バブル・・・・・・・・・・・・・・・・・・・・・・・・129
バランススコアカード（BSC）・・・・・・177
バリュー株効果・・・・・・・・・・・・・33, 34
バリュー・トラップ・・・・・・・・・・・・・84
パレート最適・・・・・・・・・・・・・・・・・・・55
非財務情報・・・・・・・・・・・・・・・・・・・・111
ビッド・アスク・スプレッド・・・・・・14
非伝統的な金融政策・・・・・・・・・・・・131
ヒューリスティクス（簡便的意思決定
　法）・・・・・・・・・・・・・・・・・・・・・・・・・88
標準偏差・・・・・・・・・・・・・・・・・・・・・・・19
ファイナンスの基本定理・・・・50, 52, 54
ファクター・ベータ・・・・・・・・・・・・・58
ファンダメンタルリスク・・・・・・・・・84
フォワード・レート・・・・・・・・・・・・・39
不完備市場・・・・・・・・・・・・・・・・・・・・・50
符号条件・・・・・・・・・・・・・・・・・・・・・・138
プットオプション・・・・・・・・・・66, 122
プットコールパリティー・・・・・・・・・67
不動産価格・・・・・・・・・・・・・・・・・・・・126
不動産価格サイクル・・・・・・・・・・・・128
不動産価格指数・・・・・・・・・・・・・・・・134
不動産デリバティブ・・・・・・・・・・・・136
不動産ファイナンス・・・・・・・・・・・・126

プライシング・カーネル	54, 56
ブラック=ショールズ・モデル	70
ブラック・モデル	77
フリーキャッシュフロー	101, 103
プリンシパル・エージェント関係	102
プレーンバニラスワップ	74
プロスペクティブ・プット	125
プロスペクト理論	90
プロテクションの売り手	80
プロテクションの買い手	80
分離課税	153
ペイヤーズオプション	77
ベーシス	65
ベータ（β）	31
ベガ	73
ペッキングオーダー理論	97
ヘッジ	65
ヘッジ比率	124
ヘドニック・アプローチ	93
変動金利	74
変動費	174
変動利付債	36
法と会計学	162
法と経済学	160
ポートフォリオ	22
ポートフォリオの傘	23
ポートフォリオの分離定理	27
ポートフォリオ保険	125
保険	122
ボラティリティ	71, 120, 128

ま行

マーケット・インパクト	15, 85
マーケット・マイクロストラクチャー	16
マーケットメイキング型	16
マートンモデル	46
マスターリース契約	137
マルチファクター・モデル	58
ミンスキー・モーメント	130
無裁定期間構造モデル	44
無差別曲線	3, 20
無リスク資産	18, 26
無リスク利子率パズル	61
持合株式	181
モディリアニ・ミラーの配当政策に関する命題	98
モディリアニ・ミラーの命題（MM命題）	96
モデル選択の基準	142
モメンタム効果	33
モラルハザード	102

や行

有効フロンティア	24
融資契約	170
優先株式	78
誘導型アプローチ	48
歪み	19
曜日効果	83
ヨーロピアンタイプのオプション	66
預金契約	168
予想税引後営業利益（NOPAT）	101
予測可能性	29

ら行

ランダムウォーク	82
ランダムウォーク仮説	126
利益計画	174
リスク	19, 152, 164
リスク回避度	21
リスク管理	124
リスク資産	18
リスク選好	20
リスク中立確率	52, 68, 70
リスク調整後リターン	28
リスク・プレミアム	21, 56, 155
リスクヘッジ	124
リターンの予測可能性	32
リバースモゲージ	137
利回り	36
流動性	14, 63, 127

流動性枯渇・・・・・・・・・・・・・・・・・・・・・17
流動性の共通性・・・・・・・・・・・・・・・・・17
利用可能性の簡便的意思決定法・・・・・・89
レシーバーズオプション・・・・・・・・・・・77
劣後条件付社債・・・・・・・・・・・・・・・・・78
レバレッジ・サイクル・・・・・・・・・・・130
レバレッジド・バイアウト(LBO)取引
　・・・・・・・・・・・・・・・・・・・・・・・・・・・97

ロー・・・・・・・・・・・・・・・・・・・・・・・・・・・73

わ行

ワラント債・・・・・・・・・・・・・・・・・・・・・78
割引債・・・・・・・・・・・・・・・・・・・・・・・・・36
割引ファクター・・・・・・・・・・・・・・・・・38

人名索引

Brunnermeier, M.K. ··············17
Campbell, Y ············ 128, 129
Fama, E. ················· 28, 34
French, K. ···················34
Hansen, L. ··················60
Jaganathan, R. ················60
Jensen, M.C. ············ 106, 109
Kahneman, D.（カーネマン）···· 88, 90
Lintner, J. ···················30
Lo, W. ·····················128
Mackinlay, A. ···············128
Markowitz, H.M.（マルコビッツ）····30
Mehra, R. ···················61
Minsky, H. ··················130
Mirrlees, J.A.（ジェームズ・マーリーズ）·····················157
Mossin, J. ···················30

Negishi, T. ··················55
Pedersen, H.L. ···············17
Prescott, E. ·················61
Rajan, R.G. ·················105
Ross, S.A. ··············· 50, 58
Ruback, S. ·················106
Servaes, H. ·················105
Sharfstein, D. ···············105
Sharpe, W.F. ·················30
Shiller, R. ··················129
Shleifer, A. ············· 84, 103
Simon, H.（サイモン）···········86
Stein, J.C. ············· 104, 105
Thaler, R. ···················92
Tversky, A.（トゥベルスキー）·· 88, 90
Vishny, R. ·············· 84, 103
Zingales, L. ·················105

〈執筆者一覧〉50音順

蟻川　靖浩	早稲田大学大学院ファイナンス研究科准教授	…	第8章5〜7
池田　昌幸	早稲田大学大学院ファイナンス研究科教授	…	第5章
宇野　　淳	早稲田大学大学院ファイナンス研究科教授	…	第2章
大村　敬一	早稲田大学大学院ファイナンス研究科教授	…	第3章1〜5, 第6章3, 4, 9
川口有一郎	早稲田大学大学院ファイナンス研究科教授	…	第10章
川本　裕子	早稲田大学大学院ファイナンス研究科教授	…	第15章
岸田　雅雄	早稲田大学大学院ファイナンス研究科教授	…	第13章1〜4
斯波　恒正	早稲田大学大学院ファイナンス研究科特任教授	…	第11章
柴崎　　暁	早稲田大学大学院ファイナンス研究科教授	…	第13章5〜7
清水　信匡	早稲田大学大学院ファイナンス研究科教授	…	第14章
鈴木　一功	早稲田大学大学院ファイナンス研究科教授	…	第8章1〜4
首藤　　惠	早稲田大学大学院ファイナンス研究科教授	…	第8章8〜9
竹原　　均	早稲田大学大学院ファイナンス研究科教授	…	第3章6〜9
俊野　雅司	成蹊大学経済学部客員教授, 早稲田大学大学院ファイナンス研究科非常勤講師	…	第7章
森平爽一郎	早稲田大学大学院ファイナンス研究科教授	…	第4章6〜7, 第6章10, 第9章
四塚　利樹	早稲田大学大学院ファイナンス研究科教授	…	第4章1〜5
米澤　康博	早稲田大学大学院ファイナンス研究科教授	…	第1章, 第6章1, 2, 5〜8
渡辺　裕泰	早稲田大学大学院ファイナンス研究科教授	…	第12章

（2016年3月31日現在）

<編者紹介>

早稲田大学大学院ファイナンス研究科

　2004年4月，日本で初めてのファイナンススクール（専門職大学院）として開設され，ファイナンス理論とその応用分野を中心とし，最新の成果を社会人大学院生へ伝えるという使命を果たしてきた。

　カリキュラムは，ファイナンスの分野にとどまらず，ファイナンスの研究と教育に密接に関連する経済学，会計学，財務分析，金融法務等の分野を広くカバーし，総合的な知識・技能と職業倫理を兼ね備えた「金融プロフェッショナル」人材を育成している。2015年3月末までに1,400名を超える修了生を社会に送り出してきた。

早稲田大学ビジネススクール

　2016年4月，経営管理研究科（通称「早稲田大学ビジネススクール」と呼ぶ）が開設される。大学院ファイナンス研究科（上記）は，早稲田大学ビジネススクールのファイナンスコースに衣替えする。このファイナンスコースは，①日本語で学ぶファイナンス専修コース（夜間主MBA），および②英語で学ぶファイナンス専修コース（昼間主）の2つから成る。前者は，ファイナンス研究科を承継するものである。後者は新たに設けるコースでありアメリカのMSc in Finance（ファイナンス修士）と同様のものである。

MBA・金融プロフェッショナルのための
ファイナンスハンドブック
2016年4月1日　第1版第1刷発行

編　者	早稲田大学大学院ファイナンス研究科
	早稲田大学ビジネススクール
発行者	山　本　　　継
発行所	㈱中央経済社
発売元	㈱中央経済グループパブリッシング

〒101-0051　東京都千代田区神田神保町1-31-2
電話 03（3293）3371（編集代表）
　　 03（3293）3381（営業代表）
http://www.chuokeizai.co.jp/
印刷／昭和情報プロセス㈱
製本／㈱関川製本所

Ⓒ 2016
Printed in Japan

＊頁の「欠落」や「順序違い」などがありましたらお取り替えいたしますので発売元
　までご送付ください。（送料小社負担）

ISBN978-4-502-17501-5　C3034

JCOPY〈出版者著作権管理機構委託出版物〉本書を無断で複写複製（コピー）することは，
著作権法上の例外を除き，禁じられています。本書をコピーされる場合は事前に出版者
著作権管理機構（JCOPY）の許諾を受けてください。
JCOPY（http://www.jcopy.or.jp　eメール：info@jcopy.or.jp　電話：03-3513-6969）